名师名校名校长

凝聚名师共识
回应名师关怀
打造名师品牌
培育名师群体

程明远题

打造『真趣』语文，培养深度思维

李爱芳／主编

西安出版社

图书在版编目（CIP）数据

打造"真趣"语文，培养深度思维 / 李爱芳主编
. — 西安：西安出版社，2022.12
ISBN 978-7-5541-6597-3

Ⅰ.①打… Ⅱ.①李… Ⅲ.①中学语文课—教学研究
—初中 Ⅳ.①G633.302

中国版本图书馆CIP数据核字（2022）第246258号

打造"真趣"语文，培养深度思维
DAZAO "ZHENQU" YUWEN，PEIYANG SHENDU SIWEI

出版发行： 西安出版社
社　　址： 西安市曲江新区雁南五路 1868 号影视演艺大厦 11 层
电　　话： （029）85264440
邮政编码： 710061
印　　刷： 北京政采印刷服务有限公司
开　　本： 787mm×1092mm　1 / 16
印　　张： 15.5
字　　数： 279千字
版　　次： 2022 年 12 月第 1 版
印　　次： 2023 年 6 月第 1 次
书　　号： ISBN 978-7-5541-6597-3
定　　价： 58.00 元

编 委 会

张　莉

张莉，山东省莱西市初中语文教研员，先后获得莱西市、青岛市教学能手、学科带头人、德育先进个人等荣誉称号，多次出示区市级公开课、优质课，先后在《青岛教育》《教育学》等刊物上发表多篇论文。

教育理念：教师的真正本领，不仅仅在于他是否会讲述知识，更在于能否激发学生的学习动机，唤起学生的求知欲望，让他们兴趣盎然地参与教学过程。

王永生

王永生，山东莱西人，毕业于山东大学，莱西市第四中学语文教师，语文教研组长。他不忘初心、脚踏实地，勤勤恳恳坚守在教育教学第一线。从教26年来，多次获得优秀教师、优秀班主任、教学先进个人、师德标兵、教学能手等荣誉称号。曾获山东省教育科研优秀成果奖、青岛市教学成果二等奖、莱西市教育科研成果一等奖，主持参与省、市级课题研究三项。

仇冬梅

　　仇冬梅，山东省莱西市实验学校高级教师。她始终以现代教学理念引领教学，融新课改与传统教学于一体，尊重学生个人的经验、感情和意见。在第七届全国初中语文教师教学基本功展评优秀课例评比活动中荣获一等奖，多次出示青岛市、莱西市公开课，获青岛市、莱西市初中语文优质课一等奖，获青岛市优秀教师、学科带头人、教学能手、青年教师优秀专业人才等称号。

于翠玲

　　于翠玲，中学高级教师，莱西市教育和体育局高中教学研究室主任，主持莱西市中小学特级教师流动工作站工作。先后被评为青岛市青年教师专业技术拔尖人才、青岛市教学能手、莱西市十佳班主任、莱西市优秀教师、莱西市高中教学工作先进个人。入选山东省教育专家库、被聘为"山东省深化新高考改革方案的跟踪评估与动态调整研究"课题组兼职研究员。在国家级期刊发表论文4篇，获国家研究报告成果二等奖。

谈　艳

　　谈艳，胶州市上合示范区实验初级中学教师，获得青岛市青年教师优秀专业人才、胶州市教学能手、优秀班主任、优秀教研组长等称号，获得胶州市优质课、基本功比赛一等奖。多次出示青岛市、胶州市公开课，多次出示青岛市、胶州市名师开放课、示范课，其一师一优课在山东省、青岛市获奖。发表多篇论文，辅导学生参加各类竞赛多次获奖。

姜 杰

　　姜杰，1997年毕业于青岛大学师范学院。多年来一直从事毕业班工作，成绩优异。曾被评为莱西市优秀教师、青岛市优秀班主任。

　　人生格言：老老实实做事，本本分分做人。

王慧永

　　王慧永，汉语言文学专业本科学历。坚守教育本心，耐心对待学生，良心对待教育工作，以爱心坚守教师岗位职责，勤勤恳恳，兢兢业业。多次出示莱西市公开课，其优质课被评为"青岛市一师一优"课，多次指导学生获奖。

　　教育格言：做一名努力奋进的教育工作者，成为一个幸福的人。

周 菲

　　周菲，2007年毕业于曲阜师范大学汉语言文学专业，现任胶州市第六中学九年级语文教师。从教16年，连续多年担任班主任。曾获得胶州市优秀教师、胶州市教学能手、胶州市优秀教研组长等荣誉称号，出示过胶州市公开课，优质课等多节，连续两年参加青年教师基本功大赛获得一等奖。在省级、国家级刊物上发表论文数篇。

张冬蕾

张冬蕾，毕业于青岛大学，本科学历。青岛市即墨区第二十八中学语文教师，中学一级教师。坚守"用爱和责任肩负学生的未来"的教育理念，即墨区优秀教师，即墨区三八红旗手，中考教学质量优胜个人，即墨区优质课比赛一等奖，出示青岛名师开放课。她的《以诗论诗，知人论世》入选"十三五课题研究，理论与实践文集"初中卷。

杨树萍

杨树萍，籍贯山东省青岛市胶州市，本科学历，毕业于曲阜师范大学。现任山东省莱西市实验学校初四备课组组长，优秀青年教师，获莱西市优秀网课比赛一等奖。积极参加各级教研项目，工作中注重对教学方法的探索，注重以生为本，深入浅出，让学生在愉悦中体会语文之美，深受学生喜爱。

教育格言：爱是打开学生心灵的钥匙，没有爱，就没有教育！

孙孟琳

孙孟琳，莱西人，山东理工大学本科毕业，现任莱西市济南路中学初四语文教师。循循善诱为人师，孜孜不倦修匠心，在教学中坚持走进孩子们的内心，做一个充满阳光的老师，让自己阳光，给学生阳光，让大家阳光。在语文教学中注重培养孩子们的表达能力，让孩子们敢说、乐说、巧说。

李 晓

　　李晓，毕业于青岛大学。热爱教育，担任班主任工作多年，所带班级班风纯正、学风优良。喜欢教书，曾获莱西市青年教师基本功大赛一等奖，寓教于乐，能尊重、信任学生，充分发挥学生的主体作用，让学生做课堂的主人，深受学生的喜爱。

　　教学格言：爱心献给学生，诚心送给家长，信心留给自己。

战 文

　　战文，毕业于山东师范大学，莱西市第四中学初三语文教师及备课组长。任教三年，工作踏实认真，教学基本功扎实，形成了"激趣引思、互动生成"的教学风格，深受学生喜爱。多次参加校级青年教师赛课比赛均取得优异成绩，多次出示校示范课、捆绑课，被评为莱西四中优秀青年教师。

目录

绪 论

第一章 写作指导

第二章 阅读指导

第三章　教育随笔

第四章　书海撷珠

绪　论

打造"真趣"语文　培养深度思维

李爱芳

2021年中考，南岚中学的语文成绩位居全市第五名，在农村学校中位居第一，这是近十年来南岚中学语文中考成绩的最高峰。莱西市初中语文教研员张莉老师对我们取得的成绩给予了充分的肯定，说我们学校老师在学生基础薄弱、语文素养较低的情况下，扎扎实实教学，勤勤恳恳工作，取得这个成绩非常不易，除了富有责任心外，一定还有好的做法，所以让我总结一下经验，向老师们做个汇报。

受到张老师的表扬，我有些喜形于色，喜不自禁，想都没想就答应了。过后一思量，还真有些不好意思。说实话，成绩的取得不是一两个人的功劳，上有我们南岚中学校长对初四工作的重视，下有基础年级的老师稳扎稳打、齐心协力的配合，因为大家都知道，学生语文素养的培养从来不是一蹴而就的，语文成绩的提高，也绝非一年半载之功；成绩的取得更离不开初四与我共同拼搏的老师。因此，成绩的取得离不开领导的英明决策和重视，离不开南岚语文老师前后四年的齐心协力和拼搏。

如果一定要总结出点东西，我就打算从"打造'真趣'语文，培养深度思维"这一点来跟老师们汇报一下。

"真趣"语文是我自己起的名字，没有名家范本，也没有什么专家理论，纯粹是我结合自己的教学实践得出的教学观点的中心词。"真趣"一词最早见于南朝·江淹《杂体诗·效殷仲文兴瞩》："晨游任所萃，悠悠蕴真趣。"后见于唐·李白《日夕山中忽然有怀》："素心自此得，真趣非外惜。"百度中对"真趣"的解释是真正的意趣、旨趣。

而我最初想到这个词时，其实是两个词的组合，即"真"和"趣"。"趣"很好理解，包括兴趣和趣味两个方面，"趣味"又包括情趣、意趣等。

"真"的内涵丰富、外延广泛，既是生活中的"真实""真理"，又是感情的"真诚""真挚""情真意切""真情实意"；既是社会上的"真善美""真相"，又是人性中的"本真""纯真""真性""率真"；既指学习语文需要"认真"的态度，写作要有"真知灼见""真材实料"，又指要思想端正、健康，做一个"真正"的人，一个"真才实学"的人，也指语文教学要摒弃华丽的修饰，"返璞归真"……

简而言之，"真趣"语文就是：教"真语文"，解决语文学习"真问题"，培养学生"真兴趣"，让语文学习充满生活气息。

如何打造"真趣"语文，培养学生的深度思维？就是通过教"真语文"，解决学生语文学习中的"真问题"，培养学生学习语文的"真兴趣"，培养学生的思维习惯，发展学生的深度思维，帮助学生养成积极动脑的习惯，从而提质增能，促进学生的全面发展，总结起来主要有以下四方面。

一、用"较真"教风打造"认真"学风，培养学习"意趣"

"严师出高徒"是我的职业格言，"严格要求"是我们南岚语文人共同的要求，对于我们来说，几乎可以用"较真"来形容我们的教学风格，对于工作我们更是精益求精。精心选题，耐心指导，用心讲解，细心批改，只要是学生易错的知识，我们会反复练习，直到学生掌握。老师用"较真"的工作作风，打造学生"认真"的学习风气，让学生从成功的喜悦中体验学习语文的"意趣"。我们将做法总结如下，希望能对老师们有所帮助。

（一）立足课标，计划翔实，有的放矢

1. 立足课标，明确中考方向

为了不走弯路，提高复习的效率，我们先共同解读了课标，并对近几年青岛的中考试卷进行了分析研究，明确了考试方向，洞察了考试热点，同时让学生也在老师的引导下，认真做了近5年中考试题，这样师生都能做到心中有数，使复习真正做到有的放矢，减少盲目性。

2. 做好周、课时计划，复习有条不紊

中考复习时间短暂，但任务繁重，内容庞杂，因此复习之前老师要分专题、分层次、分课时进行统筹安排。分几阶段复习，每月每周每天甚至每节课复习什么、怎么复习，如何检查、落实都要心中有数，要使有限的45分钟有效的被利用，使复习有条不紊。

（二）夯实基础，确保满分

中考语文考试中有以下几类题型：字音字形、成语理解、古诗文默写和内容理解、修改病句，都要花时间下大气力狠抓，才能确保不丢分。我们着重从课本入手，依据课标，主要以每天课前检测题为载体来巩固和加强对学生基础知识的落实，力求做到细致到位，扎扎实实，重点突出。

（三）专项训练，提升能力

针对学生失分多的考点，加大专项训练力度，尤其是课外阅读题板块。

1. 心中有数

学生阅读题做错，常常并不是不会答的问题，而是答非所问，即审题能力不足。所以要让学生熟知不同文体的常见考点和设题方式，一看考题就能明确命题者的考察意图，做到心中有数。

2. 手中有法

分文体对学生进行复习训练，让学生有文体意识，注意答题时什么样的文体用什么样的语言，避免出现低级错误。重视教给学生回答各类问题的基本思路和方法，然后再有针对性的训练，进而提高学生的阅读能力。

二、学会辨别 "真善美"，培养 "入世" 兴趣

"文以载道" 的语文本质，让我们语文老师必须担负起学生思想教育的任务。不管自己是不是班主任，我总是以 "立德树人" 为己任。年前期末复习，某老师用戒尺惩戒对反复强调的基础知识掌握不牢的同学几次，学生就把老师的戒尺给藏起来了。针对此事，我在班里用半节语文课的时间让学生谈谈对此事的看法，然后让学生以 "戒尺" 为话题写一篇作文，要求立意健康正确、积极向上，引导学生辨别老师惩戒背后的真相和良苦用心，体会生活中的真善美，培养学生理解他人、关心社会的积极入世情怀。

三、体悟"真实"，感受"真情"，培养"真情趣"

这几年，我一直非常重视写作教学，在我的作文教学中，很少让学生去读满分作文，因为我不喜欢只注重写作套路、背诵名段、背诵全篇的功利化教学，也不喜欢让学生东拼西凑、生搬硬套，更不提倡一篇作文素材反复出现在考试中；不让学生看范文，还有一个考虑就是不想让学生被范文限制了想象，也不想让学生在范文面前失去信心，如果没有信心，学生怎么可能还有写作的兴趣？我也经常练笔，经常写作，给学生做表率，让学生知道，只有多写多练，写作水平才能提高。我强调并引导学生认真观察生活，关注社会，发现生活中"真实"的事，用心去体悟感受，挖掘故事背后的意义，写出真事里面的"真情实意"，让自己的作文"情真意切"地打动人。

四、思维导图激趣，动手动脑增强深度思维

2019年暑假前，我就开始了"思维导图在农村初中语文教学中的运用实践"课题的研究，最初，我将思维导图用于一篇课文的要点归纳，在学生基本掌握绘制方法后，我就引导学生运用思维导图整理大篇的名著。为了激发学生的兴趣，我身先士卒，选择自己喜欢的小说《荒原狼》边读边画，再看着思维导图讲给学生听。当我只看着一张图，就能复述这本书的大体内容时，引起不少学生的惊叹，在我的带动下，学生养成了边读边画思维导图的习惯，学生在动手动脑中深度思维不断被加强。

思维导图，不仅可以用于阅读，还可以用于写作、用于复习。目前我们初四依然在使用，我将这两三年的实践研究成果汇集于我的课题结题报告之中，在后面的阅读与写作中也有涉及，在此不再展开叙述。

因为理论水平所限，难免有不当、不足之处，请老师们不吝赐教，我定会非常感激。如果能为大家起到一点抛砖引玉的功效，那将是我今后教育教学教研工作的不竭动力。

第一章

写作指导

真实是作文的生命

李爱芳

叶圣陶先生说："作文要说真话，说实在的话，说自己的话……"他强调的就是：作文要真实，真实是作文的生命。如果一篇作文不真实，就像是一个人只有躯壳没有灵魂，是不能让别人对他产生兴趣的。

什么是真实？百度百科对它的解释是：与事实相符，确切清楚。真实的近义词是切实、实在、确切，反义词是荒唐、虚假、夸张。"真实"字面意义很简单，但用"真实"来概括作文的特点，说"真实"是作文的生命，是作文的灵魂，又该来如何理解呢？或者说作文的"真实"有什么特征？有什么要求？

我们先来考虑：与"真实"意义相近、相关的词有哪些呢？

与真实意义相近的词有：真正、真诚、真挚、真情、真诚、真切、逼真、本真、真理、真性、真相、诚实、充实、翔实、切实、确实等；成语有千真万确、真情实意、真心实意、真情实感、真心诚意、真心真意、情真意切、真凭实据、真材实料、真知灼见、真才实学、实事求是、实话实说等；而词语当中既含有"真"又含有"实"的，就只有真凭实据、真材实料、真情实感、真情实意、真心实意和真才实学了，所以我总结了这样一句话来概括"作文的真实"，即用真材实料，抒真情实感，表真心实意，显真才实学。

"真实"跟我们的中考关系非常密切，其作用非常重大。2021年中考作文评阅评分标准：一类作文要感情真挚，二类作文要感情真实……可见，"感情真挚"是在"感情真实"基础上的升华。大家在写作要求中经常能看到这样一句话：感情真挚，能表达出自己独特的感受和真切的体验。"感情真挚"即感情真诚恳切，就是要求考生在文章中自然地表达出真情实感，给人以真实感、真诚感，不可以无病呻吟，更不能虚情假意，像有的同学写自己想买的东西没买到就哭得稀里哗啦，感叹人生不顺，活着无意义；写妈妈早起给自己做了一碗面，就感动得泪流满面；等等。这都是无病呻吟，虚情假意，让读者觉得很假。可见，"真实"对写作是非常重要的，所以，叶圣陶、麦家等作家都强调：写作要追求真实，真实是作文的生命。

　　强调作文"真实"，并不等于说作文不可以虚构，不可以想象。不管是初一、初二，还是初三的同学，我们都读过小说，小说不同于散文的特点之一就是小说可以虚构想象，但你读过的每一部名著，有没有给你一种很假的感觉？没有，那是因为真实的事情，并不仅限于作者的所见所闻和亲身经历，它还包括作者的所想，只要符合"四此"——此时、此地、此人、能为此事，就可以视为"真实"。强调"真实"，不是说不能虚构想象，而是说虚构的情节也应该且必须符合生活的必然规律，这就叫"文学源于生活，又高于生活"。

📖 **病文示例1：**

上学路上

　　清晨，蔚蓝色的天空飘着鹅毛大雪。我背着书包，顶着西北风，向学校走去。我刚到十字路口，忽然看到一个七八岁的小孩从一条胡同里跑出来，小孩的妈妈在后面紧紧地追赶。这时，正好有一辆汽车飞快地开到了小孩的面前，眼看就要把小孩撞到。在这千钧一发的关键时刻，我的脑海里闪过欧阳海、罗盛教、雷锋、赖宁等英雄形象，我毫不犹豫地冲上前去，把小孩抱到马路边。"嘎"的一声，汽车在距离我不到一米的地方停了下来，小孩脱险了。

　　马路上的行人纷纷把我们包围起来，异口同声地说："这孩子，真不愧是小雷锋，是活着的赖宁！"听到了大家的夸奖，我的脸"唰"地红了。

📖 **病文示例2：**

　　每次回家，钥匙插进锁孔时，妈妈的身影总会准时地出现在门口，她利索地帮我打开门，拿出拖鞋，脸上永远充满淡淡的微笑。我把目光移向餐桌，准会见到一碗热腾腾的面条。最引人的是那一道道的美味佳肴。别人难以吃到的龙虾、鲍鱼、海参往往是我的家常便饭；为了激起我的食欲，妈妈还特意用萝卜雕出各种各样的图案摆放在盘子里，就是看上一眼，你也会食欲大增。每次，端起面条，感受着这美好的生活，我的眼眶总是浸满了泪水。

有这样好的妈妈，我能不感动么？

这两篇病文问题百出，第一篇的主要问题是 "事不真"，第二篇的主要问题是 "情不真"，用一个词来形容第二篇的感情就是 "矫情"，所以请同学们一定要记住：真情是文章的生命，矫情是文章的大敌。

另外，有些同学喜欢写累啊、愁啊、无端的烦恼啊，都会让人觉得是无病呻吟，年轻人不可 "为赋新词强说愁"，因为这些情感往往缺乏积极的意义，是不符合时代主旋律的，千万不要以为只要是真情实感就可以入文，只有高尚的真情实感才能引起读者的共鸣。因此，要达到以情动人的效果，所抒之情必须符合真善美的人性定位，必须坚持积极健康的原则。

下面这两篇作文，是我学生的习作，这里面的问题没有那么多，但却有一些隐蔽问题。

📖 病文示例3：

夏日，晚上放学，我走在路上，刚上完体育课的我手里拿着冰糕悠闲地吃着，冰糕吃完后，我抬头一看，垃圾箱怎么那么远？我环顾四周，没有人，心想着：反正也没有人，没有人知道我是扔的。随手一扔，我将冰糕棍扔在了马路上，乐滋滋地走回了家……

第二天去学校的路上，我一脚踩上了一个香蕉皮，一下扑倒在地，膝盖摔破了，嘴里痛骂着……

周末，老师带领我们参加了一个社区志愿活动，帮助环卫工人打扫卫生……

我们坐在街道上休息，听到他说道："也不知道是谁将冰糕棍扔在了路上，卡在了我的车轮里。" 听到这，我羞愧地低下了头……（有删改）

📖 病文示例4：

美无处不在

"世界上不缺少美，缺少的是发现美的眼睛。"

那是一个令人愉快的星期天，我和妈妈来到街上买东西。突然我看到一位老人……

我们买好东西准备回家时，发现那个老爷爷还守在那个无人问津的擦鞋摊旁。这时一个财大气粗的男人停留在了这位老爷爷的摊前，傲慢地坐在了椅子上……

这时那个男人高傲地从口袋中掏出一个一元硬币，随手将其扔在了老爷爷面前，老爷爷从容地将硬币捡了起来。突然他看到了地上有一张100元的钱，他快速捡起来，快步冲了上去，将100元塞入那个男人手中……

上面这两篇文章，都是我的学生刚交的作业，他们写作中存在的问题"不真实"一定不是个例，大家是不是也经常会犯这样一些小错误呢？如果你的文章里的细节、情节经不起别人的推敲，那就说明你没有做到真实。

那到底怎样才能写出真实的文章呢？有什么好方法呢？其实方法有很多，但因为时间关系，我今天只给大家介绍两种最常用、最主要的方法。

1. 细心体察，平凡小事见真情

生活中的点滴小事或者发生过的事是文学素材的提供者和原型，人的成长、变化也往往是在一些不经意的小事上反映出来的，而最能撩拨我们心弦、引起我们共鸣的往往也是一些小事。

我们要善于观察、体验生活，选取有丰富内涵、能感动人的细小材料，以小见大，在平淡中见真情，于细微处见精神。

2. 善于运用细节描写

细节描写是指作品中对一些富有艺术表现力的细小事物、人物的某些细微的举止行动，以及景物片段等具体的、细腻的描写。

具体描写方法有：提取细小的传神动作、捕捉人物特色的语言、描摹个性外貌、神态及揣摩人物的心理活动等。

同学们，作文水平的提高不是一朝一夕、一节课就能做到的，听讲、思考改变的只是认知，只有行动才能使改变真正发生。所以，希望同学们都能记住老师教你们的方法，并用于你们的写作中，做到常写、常练、常修改，这样你们的作文水平就会不断提高了。

"好文章是改出来的"之修改顺序

李爱芳

"好文章不是写出来的，而是改出来的。"这可不是我说的，这是我国伟大的文学家、思想家、革命家鲁迅先生说的。鲁迅先生还说："文章写完后，至少看两遍，竭力将可有可无的字、句、段删去，毫不可惜。"我国古典四大名著之一《红楼梦》的作者曹雪芹，"披阅十载，增删五次"才成就了这部伟大的作品。一篇文章，要经过反复思考与推敲，反复雕琢与锤炼，才能日益完善。所以叶圣陶先生说："养成自改作文的能力，这是终身受用的。"

要想修改好自己的文章，我们首先要明确好作文的标准，根据我28年的教学经验，我认为一篇满分作文至少要达到这9个标准。

（1）中心：明确、突出、扣材料（10分）。

（2）选材：真实、有代表性、多样化、表现主旨、新颖（5分）。

（3）立意：正确、健康、积极、深刻（5分）。

（4）构思：巧妙、新颖（5分）。

（5）结构：完整、条理清楚、层次分明（5分）。

（6）语言：通顺、生动形象（5分）。

（7）题目：简洁、新颖、题文相符（5分）。

（8）开头、结尾：点题或扣题、有文采（5分）。

（9）书写、格式：正规、正确、美观（5分）。

如果我们将这9个标准分成整体和局部两部分，属于整体部分的是中心、选材、立意、构思、结构；而语言、题目、开头结尾、书写格式就属于局部了。

我们在修改时，先从整体修改，还是先修改局部呢？自然是从整体到局部进行修改了，因为如果从局部的字、词、句入手，改后才发现在中心、选材、结构方面有大的问题，那么前面的修改就白做了，所以我们修改文章的顺序应该是从整体到局部。

下面，咱们就结合学生的习作来看看如何按照顺序修改一篇作文。

这篇作文是我从"语悦馨苑"抗疫征文中选取的一篇。我们先一起来回顾一下征文启事中的写作要求：

"新冠病毒，让莱西这座美丽的小城陷入了魔境；一声令下，全市军民众志成城，共抗疫情。

同学们，在你的身边，一定发生了或者正在发生着让你感动的事情，请拿起笔，记录所见，抒发真情，表达感恩！"

从这两段话中，我们能找出这几个关键词："莱西""抗疫""身边""感动""所见""真情""感恩"，概括成一句话就是：在莱西抗疫中，用让你感动的事，来抒发你的感恩之情；再简单点概括就是：写抗疫中让你感动的事，表达你的感恩之情。

明确了征文的主要内容，下面我们就走进文章品析环节，先从整体方面找出这篇文章的优缺点，即中心是否明确突出，能否扣准材料；选材是否真实，是否有代表性，如写了多件事，是否注意事件的多样化，所选材料能否表现主题，是否做到新颖；立意能否做到正确、健康、积极、深刻；构思方面是否巧妙、新颖；结构是否完整，条理是否清楚，层次是否分明。

📖 **原稿：**

令我感动的小事

三月的风吹走了冬日的酷寒，带来了春天的生机，本是播种希望的季节，却不想一场疫情阻拦了我们的脚步。而在我的身边，也有许多令我感动的小事。

因为疫情，我们不得不停止线下教学。只能隔着屏幕与老师、同学见面。为了尽快结束疫情，每天都要做核酸检测，所以有时候会耽误老师的课程。"居民们，今天下午一点，来广场做核酸检测。"这不又发通知了，这已经是第三次核酸检测了。每次做核酸时，排队至少需要30分钟，有了前两次的经验，我决定让妈妈先去排队，快到她时，再打电话给我。

大概过了十几分钟，我正聚精会神听课，"丁零"一声，手机开始震动，我身体一抖，挂断了电话，来电人正是妈妈，我知道，是马上到我们了。于是我在群里跟老师请了假，穿上衣服，戴上口罩，做好防护后，便拿起身份证冲向检测点。到了广场，妈妈朝我挥挥手，我连忙跑到了她身边，刚要开口说话，身体却被猛地推了一下。"怎……""快去那个叔叔那！"我顺着她手指的方向，看到了一位体格瘦弱的叔叔。"学生来这！"他扯着嗓子大喊。我也十分配合地跑了过去。"大家让一让，让学生去前面，学生还要在家里上网课，大家多包涵一下。"前面的人也纷纷让开了路。"快去吧，学生优先。"我的心里一下子很是感动，变得温暖起来了。于是，本应30分钟的事，我不到3分钟就完成了。

这件事真的太令我感动了，"学生优先"这四个字烙印在了我心里的深处，真是"疫情无情，人有情"啊！

这篇文章写了"做核酸检测时被照顾，心里感到温暖"的一件小事。中心明确，能扣准材料，但不是太突出；选材真实，能从小事中见真情，有代表性，能表现主旨；立意也正确、健康、积极；构思一般，平铺直叙，不够巧妙，如果能用上对比，会更好一些，就是将前两次做核酸时又无聊又累的体验写出来，然后再跟被照顾时的温暖进行对比，就更能够突出中心；结构完整，条理清楚，但层次不够分明。

我把我的意见告诉了学生，她进行了第一次修改。

一改稿：

疫情无情，人有情

三月的风吹走了冬日的酷寒，带来了春天的生机，本是播种希望的季节，却不想一场疫情阻拦了我们的脚步。

"小琳，快起来了。"妈妈说到。今天是周日，我迷迷糊糊地睁开眼看向时钟，才刚八点，这是疫情暴发的第三天。我起床吃了点面包，就穿上衣服和妈妈一起去做核酸了。

昔日热闹的街道如今却变得十分凄清，坐在门口一起唠嗑下棋的爷爷也不见了踪影。

到了检测点，密密麻麻的人排成了一队，像一排排栅栏。40分钟过去了，终于排到我们了，这时戴着手套的手已经有些出汗了，没有带水的我们，口舌也开始干燥起来。回到家，我消完毒后，便大口喝起了水。做核酸真累啊！

"居民们，今天下午一点，来广场做核酸检测。"又发通知了，这已经是第三次核酸检测了。"唉，真不想做了。"我叹了口气，小声念叨着。有了前两次的经验，我决定让妈妈先去排队，快到她时，再打电话给我。大概过了十几分钟，我正聚精会神听课，"丁零"一声，手机开始震动，我身体一抖，挂断了电话，来电人正是妈妈，我知道，是马上就到我们了。"奇怪，今天是人少吗？这么快就到了？"我疑惑地想。

我在群里跟老师请了假，穿上衣服，戴上口罩，做好防护后，便拿起身份证冲向检测点。到了广场，妈妈朝我挥挥手，我连忙跑到了她身边，刚要开口说话，身体却被猛地推了一下。"怎……""快去那个叔叔那！"我顺着她手指的方向，看到了一位体格瘦弱的叔叔。"学生来这！"他扯着嗓子大喊。我也十分配合地跑了过去。"大家让一让，让学生去前面，学生还要在家里上网课，大家多包涵一下。"前面的人也纷纷让开了路。"快去吧，学生优先。"我的心里一下子很是感动，变得温暖起来了。于是，本应40分钟的事，我不到3分钟就完成了。

三月的风吹来了疫情，也吹进了我的心里，让我觉得冰冷的疫情也不是那么的坚不可摧。"学生优先"这四个字烙印在了我心里的深处，真是"疫情无情，人有情"啊！

第一次修改后，用了对比，中心更加突出了，层次也分明了。很明显，修改后的作文比原稿更有感情了。

整体修改后，我们就要进行局部修改了，除了书写格式无法体现出来外，就剩下语言、题目和开头结尾了。我们再看一下原稿，题目是"令我感动的小事"，这个题目不够新颖，要换。第一次修改后，作者将题目改成了"疫情无情，人有情"，改后的题目明显比原稿更有文采了。

我们再来看一下原稿的开头和结尾。

原稿开头：

三月的风吹走了冬日的酷寒，带来了春天的生机，本是播种希望的季节，却不想一场疫情阻拦了我们的脚步。而在我的身边，也有许多令我感动的小事。

原稿结尾：

这件事真的太令我感动了，"学生优先"这四个字烙印在了我心里的深处，真是"疫情无情，人有情"啊！

原稿的开头点题了，结尾也扣题了，有一定的文采，但语言有些重复，不够简洁。

一改后开头：

三月的风吹走了冬日的酷寒，带来了春天的生机，本是播种希望的季节，却不想一场疫情阻拦了我们的脚步。

一改后结尾：

三月的风吹来了疫情，也吹进了我的心里，让我觉得冰冷的疫情也不是那么的坚不可摧。"学生优先"这四个字烙印在了我心里的深处，真是"疫情无情，人有情"啊！

一改后的开头去掉了原文的最后一句，简洁多了；再看结尾，比原稿多加了一句："三月的风吹来了疫情，也吹进了我的心里"，这句话后半句表意不明，三月的风将什么吹进了我的心里？所以这句话不好，要改。

我们再看原稿的语言，虽然通顺，但全篇记叙较多，描写得不够生动形象，感情不够深，不够真挚。一改后，加上了环境描写，通过"街道冷清"，"老爷爷不见踪影"，突出了做核酸的人多，很好；另外还加上了比喻修辞，增加了语言的生动性，但有些地方语言有些啰唆，细节描写还是不足，个别用词不太恰当，仍需锤炼。

通过比较，我们发现，原稿的问题在一改后明显少多了，修改的作用和重要性立马显现出来了。

📖 **二改稿：**

疫情无情，人有情

三月的风吹走了冬日的酷寒，带来了春天的生机，本是播种希望的季节，却不想一场疫情阻拦了我们的脚步。

"小琳，快起来，要去做核酸了。"妈妈有点不耐烦地大声对我说。今天是周日，是疫情暴发的第三天。我迷迷糊糊地睁开眼看向时钟，刚到八点。我不情愿地起床，穿上衣服和妈妈一起去做核酸了。

昔日热闹的街道如今却变得十分凄清，坐在门口一起唠嗑下棋的爷爷也不见了踪影。

到了检测点，密密麻麻的人排成了一队，像一排疏密有致的栅栏。时间过得好慢啊，40多分钟过去了，我的前面依然还有二三十人。虽是初春天寒，但暴露在阳光下的我已经开始冒汗，唉，早知道我就不穿这大棉服了。终于做完了检测，回到家，消完毒后，我一头扎到床上。做核酸真是又无聊又累啊。

"居民们，今天下午一点，来广场做核酸检测。"又发通知了，这已经是第三次核酸检测了。"唉，真不想做了。"我叹了口气，小声念叨着。有了前两次的经验，我决定让妈妈先去排队，快到她时，再打电话给我。大概过了十几分钟，我正聚精会神听课，"丁零"一声，手机开始震动，我身体一抖，挂断了电话。"奇怪，今天是人少吗？这么快就到了？"我疑惑地想着。

我在群里跟老师请了假，穿上衣服，戴上口罩，做好防护后，便拿起身份证冲向检测点。到了广场，妈妈朝我挥挥手，我连忙跑到了她身边，刚要开口说话，身体却被妈妈推了一下。"怎……""快去那个叔叔那！"我顺着她手指的方向，看到了一位体格瘦弱的叔叔。"学生来这！"他扯着嗓子大喊。我十分配合地跑了过去。"大家让一让，让学生去前面，学生还要在家里上网课，大家多包涵一下。"前面的人也纷纷让开了路。"快去吧，学生优先！"跑到一位花白头发的奶奶身边时，奶奶大声对我说。我的眼一热，烦躁的心瞬间充满了温暖。于是，本应一个小时的事，我不到三分钟就完成了。

三月的风虽然吹来了无情的病毒，但也吹走了我心里的惶恐和烦闷，让我觉得冰冷的疫情也不是那么的坚不可摧了。"学生优先"四个字是"疫情无情，人有情"的最好诠释，它将永远烙印在我心灵的深处，伴我无惧风雨，温暖前行！

我们按照从整体到局部的顺序，一步步完成一篇作文的修改，使一篇原来属于三类的作文，经过两次修改变成了一类作文。希望大家记住鲁迅先生的话："好文章不是写出来的，而是改出来的。"懂得修改作文对于成就一篇好作文的重要性，明白修改作文要先整体修改，再局部修改，并养成修改作文的好习惯。

"好文章是改出来的"之修改方法

李爱芳

鲁迅先生说："好文章不是写出来的，而是改出来的。"叶圣陶先生说："养成自改作文的能力，这是终身受用的。"一篇文章，要经过反复思考与推敲，反复雕琢与锤炼，才能更加完美。因此，养成修改作文的好习惯，作文水平就能不断提高。

上节课我们学习的修改文章的顺序是从整体到局部，整体部分的是中心、立意、选材、构思、结构；局部包括题目、开头结尾、语言、书写格式。修改的目的是让我们的文章越来越符合满分作文的要求。

用什么方法修改文章呢？概括起来就四个字，即"增、删、调、改"。

"增"，即增补过渡句、段，使文气顺畅；增改详写与细节，突出中心。

"删"，即删除可有可无的字、词、句、段，力求简练。

"调"，即调整词序或句子、段落的顺序，使句子通顺，条理清楚。

"改"，即改正错别字或者病句，使文字通顺。

运用这四种方法，我们从整体到局部，对一篇文章进行修改即可。为了让修改作文更简单易学，更容易掌握，我总结出修改的主要三个切入点，一是突出中心，二是调整结构，三是润色语言。

中心突出是一篇好作文最基本的要求，所以我们修改的第一个切入点就是突出中心。如何修改才能让文章中心突出呢？我们结合上节课修改的作文《疫情无情，人有情》来看一下。

一、增改详写的地方，删除与中心无关的部分，做到详略得当

📖 **原稿：**

因为疫情，我们不得不停止线下教学。只能隔着屏幕与老师、同学见面。为了尽快结束疫情，每天都要做核酸检测，所以有时候会耽误老师的课程。"居民们，今天下午一点，来广场做核酸检测。"这不又发通知了，这已经是第三次核酸检测了。每次做核酸时，排队至少需要30分钟，有了前两次的经验，我决定让妈妈先去排队，快到她时，再打电话给我。

原稿中画横线的部分与中心"做核酸检测，被村民照顾感到温暖"无关，所以应该删除；前两次做核酸的无聊和累，不应一带而过，为了与后面形成对比，描写应该稍微详细一些，但又不能太详细，太详就会喧宾夺主；这篇文章的中心事件是"第三次做核酸"，所以这件事应该写得最详细。只有做到详略得当，文章中心才能突出。

📖 **改后稿：**

"小琳，快起来，要去做核酸了。"妈妈有点不耐烦地大声对我说。今天是周日，是疫情暴发的第三天。我迷迷糊糊地睁开眼看向时钟，刚到八点。我不情愿地起床，穿上衣服和妈妈一起去做核酸了。

昔日热闹的街道如今却变得十分凄清，坐在门口一起唠嗑下棋的爷爷也不见了踪影。

到了检测点，密密麻麻的人排成了一队，像一排疏密有致的栅栏。时间过得好慢啊，40多分钟过去了，我的前面依然还有二三十人。虽是初春天寒，但暴露在阳光下的我已经开始冒汗，唉，早知道我就不穿这大棉服了。终于做完了检测，回到家，消完毒后，我一头扎到床上。做核酸真是又无聊又累啊。

"居民们，今天下午一点，来广场做核酸检测。"又发通知了，这已经是第三次核酸检测了。"唉，真不想做了。"我叹了口气，小声念叨着。有了前两次的经验，我决定让妈妈先去排队，快到她时，再打电话给我。大概过了十几分钟，我正聚精会神听课，"丁零"一声，手机开始震动，我身体一抖，挂断了电话，我知道，是马上就到我们了。"奇怪，今天是人少吗？这么快就到

了?"我疑惑地想着。

二、增加细节描写，凸显特征

📖 **原稿：**

前面的人也纷纷让开了路。"快去吧，学生优先。"<u>我的心里一下子很是感动，变得温暖起来了。</u>于是，本应30分钟的事，我不到3分钟就完成了。

📖 **改后稿：**

前面的人也纷纷让开了路。"快去吧，学生优先！"<u>跑到一位头发花白的奶奶身边时，奶奶大声对我说。我的眼一热，烦躁的心瞬间充满了温暖。</u>于是，本应一个小时的事，我不到三分钟就完成了。

为了突出中心，我们常用的第二个修改方法就是增加细节描写，凸显中心，如在修改时加上了<u>"跑到一位头发花白的奶奶身边时，奶奶大声对我说。"</u>"头发花白"说明奶奶年纪大，本应也是被照顾的对象，但奶奶却选择照顾学生，这个细节，更能突出中心；再如<u>"我的眼一热，烦躁的心瞬间充满了温暖。"</u>这个细节描写，凸显了"我"的感动，突出了中心。

三、开头点题，结尾扣题，增添一线贯穿全文

📖 **开头：**

三月的风吹走了冬日的酷寒，带来了春天的生机，本是播种希望的季节，却不想一场<u>疫情阻拦</u>了我们的脚步。

📖 **结尾：**

三月的风虽然吹来了无情的病毒，但也吹走了我心里的惶恐和烦闷，让我觉得冰冷的疫情也不是那么的坚不可摧了。"学生优先"四个字是<u>"疫情无情，人有情"</u>的最好诠释，它将永远烙印在我心灵的深处，伴我无惧风雨，温暖前行！

文中开头的"疫情阻拦"点了题，结尾中的"疫情无情，人有情"又扣了题；文章中写的两件事都是围绕"疫情无情，人有情"这条感情线来写的，

所以用一条物线或感情线来贯穿全文，就会使文章中心明确突出，在修改文章时，大家要注意找出这条线。

四、增用抑扬、对比等手法，精巧构思

突出中心的修改方法还有一个，即增用抑扬、对比等手法，精巧构思。例文的第二次检测和第三次检测，前后就是用对比手法，增用对比后，中心就更突出了。

第二次检测：

到了检测点，密密麻麻的人排成了一队，像一排疏密有致的栅栏。时间过得好慢啊，40多分钟过去了，我的前面依然还有二三十人。虽是初春天寒，但暴露在阳光下的我已经开始冒汗，唉，早知道我就不穿这大棉服了。终于做完了检测，回到家，消完毒后，我一头扎到床上。做核酸真是又无聊又累啊。

第三次检测：

我十分配合地跑了过去。"大家让一让，让学生去前面，学生还要在家里上网课，大家多包涵一下。"前面的人也纷纷让开了路。"快去吧，学生优先！"跑到一位花白头发的奶奶身边时，奶奶大声对我说。我的眼一热，烦躁的心瞬间充满了温暖。于是，本应一个小时的事，我不到三分钟就完成了。

中心明确突出了，我们这篇文章就成功了一半，接下来再从第二个切入点"调整结构"入手修改。为了避免在结构上出现层次混乱、结构松散、前后矛盾、虎头蛇尾等问题，我们一要恰当运用顺叙、倒叙等，使条理清楚；二要增补过渡句、段，使文气顺畅，层次分明；三要调整句子或段落的顺序，使句意通顺。

修改完文章的结构，我们就进入局部修改——润色语言，作文对语言的基本要求是准确、规范、简练。

（1）准确：词要达意，用词能够准确传达作者的意思。

（2）规范：要合乎现代汉语语法习惯，包括书写要准确、清楚、整齐、美观；标点符号要用得准确；行款格式要合乎要求；等等。

（3）简练：用语要精当，言简意赅。

语言除了这最基本的三点要求外，还要有文采，如何修改才能让你的作文

语言有文采？你可以考虑以下四种方法：

（1）善用比喻、排比、引用等修辞手法。

（2）锤炼词语，用词贴切生动。

（3）联想想象，语言幽默。

（4）句意深刻，蕴含哲理。

明确修改文章的具体方法，是为了运用，学以致用永远是学习的最终目的，就像战士拿枪是为了保家卫国。下面，我们就拿起手中的枪，瞄准作文中的问题，一起来消灭它们。

📖 原稿：

他们的样子，便是中国的样子

汗水、血丝、勒痕是他们的<u>代名词</u>，他们是中国的名片，是中国的天使，他们的样子更是中国的样子。

"大家注意了！现在马上拿着身份证到广场集合做核酸检测！"一声广播打破了我的美梦，我没好气地嘟囔着："哎呀！不让人睡觉了？"一边说着，一边顺带将被子盖在头顶上，试图用这种方法来隔绝"夺命连环call"。"快起来了，我们赶紧去做核酸，说不定这时候人会少一些。"妈妈走进我的房间，不停地拍打着我，"好，这就起。"我不耐烦地说着，但却是慢悠悠地穿着衣服，"快点！一会儿人多了，可要排很长时间的，还不快点收拾！"听着妈妈的唠叨，我极不情愿地出了家门，<u>凌晨四点多，天还没有亮，刮着寒风，我不禁打了个寒噤。</u>

到了检测地点，一条"长龙"依然呈现在眼前，我愣在原地：不是吧！这么多人，这要排到什么时候啊？"快来排队，别在那里站着发呆了！"我急忙跑去排队，心中却不免打起退堂鼓。时间一分一秒地过去，我用脚将地上的石头狠狠地踢向一边，以此来表达心中的不满。无意间，我看到一缕灯光照向了一个医护人员，此时他正身披白衣，肩生羽翼，化作天使，守护四方，我不禁痴迷于她此时的样子。

正当我沉浸其中时，"快！到你了。"工作人员对我喊道。我方才缓过神来，急忙跑到医护人员的前面，灯光很暗，医护人员需要靠近我才能进行采样，也正因此，让我看到了天使的真正脸庞：布满汗水的防护眼镜，一双满是血丝的眼睛，鼻梁之上有一道被勒出的深深的痕迹，"张大嘴"一种沙哑的声音传来，让我为自己的行为而感到羞愧。

回到家后才知道，这些医护人员从午夜到第二天早晨，从市区到乡下，从未停歇，他们用自己的行动，代表了中国，他们的样子，就是中国的样子。

不是长发飘飘才叫可爱，不是浓妆艳抹才叫美，那一道道在脸上勒出的痕迹也叫美，那一次次的隔空拥抱也叫可爱，他们的样子，我们铭记于心，因为那是中国的样子，是胜利的样子，等到春暖花开之时，我们必能看到他们脱下防护服，摘下口罩，露出灿烂的笑容！

这是我的学生的一篇习作，不是所有的文章都有中心不突出，或构思不巧妙的问题，如这一篇文章，优点是多于缺点的。从整体上看，文章的中心明确突出；选材真实、有代表性；立意也正确、积极；运用对比手法使文章构思巧妙；结构完整，条理清楚；局部看语言，大多描写生动形象。文章存在的问题主要在局部上，个别地方描写不足，个别用词不太恰当，题目不简洁，开头结尾做到点题扣题了，但语言有些没有条理，重复啰唆，致使开头文采欠佳。

首先我们看一下原稿的题目："他们的样子，便是中国的样子"，回顾我们初中学过的文章，题目超过十个字的，也就仅有几篇。"闻王昌龄左迁龙标遥有此寄"，恐怕这个题目有不少同学到现在还记不准吧。题目字数多不易记，这是显而易见的。所以，同学们在拟题时，一定不要超过十个字，尽量控制在八个字以内，这样的话才不会使你的作文题目出现不简洁的问题。根据文章内容，我们就将这个题目改成"英雄的样子"。

再看开头段，"汗水、血丝、勒痕是他们的代名词"，什么是代名词？就是代替正式名称的词，如杜康是酒的代名词，铁公鸡是吝啬的代名词，红领巾是少先队员的代名词，春蚕、蜡烛是人民教师的代名词，而医护人员的代名词应该是天使、英雄。所以，我们就把开头段改成"汗水、血丝、勒痕是他们的特征，天使、英雄是他们的代名词，他们是中国的名片，他们的样子就是英雄的样子，更是中国的样子。"

第二段的问题不多，缺点主要是层次不够分明，不能突出环境描写的作用，我们只需要将环境描写的话另起一段就可以了。

第三段的问题主要是个别用词不太确切，缺乏必要的细节描写。原稿中的"依然"改成"赫然"准确些；"打起退堂鼓"改为"满是牢骚"更合适；另外，可加上白衣天使做核酸时的动作描写："低头认真地往试管里放棉棒。"

第四段的缺点是感情变化太突然，我们只需将"让我为自己的行为而感到羞愧"改成"让我不由为之心酸"就可以了。

最后这两段的问题是语言缺乏条理，感情表达不充分。

📖 改后稿：

回到家后才知道，这些医护人员从午夜到第二天早晨，从市区到乡下，从未停歇。想起自己开始的抱怨，我不禁为自己的行为而感到羞愧。

不是长发飘飘才叫可爱，不是浓妆艳抹才叫美丽，那一道道在鼻梁上勒出的痕迹，那一条条在脸颊上流下的汗水，让我铭记于心。

我想，这就是最美的样子，这就是英雄的样子！这就是胜利的样子！这就是中国的样子！

将文章中存在的问题改完后，原本的二类作文立马就升为一类作文了，所以请同学们切记鲁迅先生的教导——好文章是改出来的，一定要充分认识到文章修改的重要性，更要养成修改文章的好习惯。

关键词简化材料　凸显中心

李爱芳

　　櫻花盛装枝头俏，绿水旖旎心湖画。5月6日，全市中小学生终于回到了阔别两个月之久的校园，见到久违的老师和同学，心里有没有一些小兴奋，一缕小惬意呢？终于恢复正常了，虽然接下来的学习会很紧张忙碌，但我相信，所有同学都能很快地调整自己的状态，愉快地学习，快乐地成长，不负光阴，勇往直前。

　　下面我们就正式进入今天的学习：关键词简化材料，凸显中心。

　　还记得老师在"好文章是改出来的"那节课中出示的"满分作文的标准"吗？

　　老师将作文的50分分到了满分作文的9个标准中，其中有10分我给了"中心突出、明确，紧扣材料"，是别的标准的两倍。

　　大家看，这是2020年青岛中考作文评分暂行标准，2021年还是使用这个标准，见表1-1。

表1-1　2020年、2021年中考作文评分暂行标准

基础等级 20分	内容 20分	一等（20～18分）	二等（17～12分）	三等（11～6分）	四等（5～0分）
		符合题意	符合题意	基本符合题意	偏离题意
		中心突出	中心明确	中心基本明确	中心不明确
		内容充实	内容较充实	内容单薄	内容不当
		思想健康	思想健康	思想基本健康	思想不健康
		感情真挚	感情真实	感情基本真实	感情虚假

（续表）

基础等级 20分	表达	一等（20~18分）	二等（17~12分）	三等（11~6分）	四等（5~0分）
		符合文体要求 结构严谨 语言流畅 字迹工整	符合文体要求 结构完整 语言通顺 字迹清楚	基本符合文体要求 结构基本完整 语言基本通顺 字迹基本清楚	不符合文体要求 结构混乱 语言不通顺语病多 字迹潦草难辨
发展等级 10分	特征	一等（10~8分）	二等（7~5分）	三等（4~2分）	四等（1~0分）
		有见解 丰富 有文采	有一定见解 较丰富 较有文采	略有见解 略显丰富 略显文采	缺乏见解 不够丰富 缺乏文采

其中一类、二类作文的第一条标准就是"符合题意"。"符合题意"即"紧扣材料"，围绕材料立意；一类作文的第二条标准是"中心突出"，二类作文的第二条标准是"中心明确"，可见一篇好作文，首先要紧扣材料立意，"中心明确"是基础，"中心突出"是关键。

2017年至2022年，五年的中考题，有四年考到了材料作文（自命题作文）。2017年和2019年的半命题作文，给了一段提示材料：

（2017年）题目：＿＿＿＿＿＿诚可贵

同学们，正值青春年华的我们，生活中肯定会被一些情怀感动，会被一些精神激励，会被一些智慧启迪……这些，都是我们成长的宝贵财富，对于我们的成长弥足珍贵！

（2019年）一份约定，或关乎友谊，或关乎亲情，或关乎过往，或关乎未来……你曾经与谁约定？又将这份约定镌刻在何处？

请以"镌刻在＿＿＿＿＿＿的约定"为题，写一篇文章。

2020年和2021年，命题作文也给了一段提示材料：

（2020年）

突如其来的疫情让我们经历了漫长的假期。五月，你接到了复学的通知，重返校园。

请以"重返校园以后"为题目，写一篇记叙文。

（2021年）

作为子女，应该有子女的样子；作为中学生，应该有中学生的样子；作为公民，应该有公民的样子……

请以"这才是该有的样子"为题，写一篇记叙文。

也就是说除了2018年的命题作文没有提示材料，从2019年开始，命题和半命题作文均设计的提示材料。所以会读材料、读懂材料就显得尤为重要。

读懂了材料就能审清题意，找准中心。而有的提示材料有点长，给我们审题带来了麻烦，如2020年的材料作文"你浑身都是青春的火花，青春的鲜艳，青春的生命、才华……眼看自己一天天地长大成熟，进步，了解的东西一天天的加多，精神领域一天天的加阔，胸襟一天天的宽大，感情一天天的丰满深刻；这不是人生最美满的幸福是什么！这不是最隽永最迷人的诗歌是什么！（选自《傅雷家书》）"这段材料有点长，如何能快速读懂材料，审清楚题意呢？只需一个审题技巧就能解决你这个大问题，那就是"用关键词简化材料"，材料简化后中心立马显现。我们就以2020年中考题为例，第一句话的关键词是"青春"，第二句"长大成熟""进步"，第三句"幸福"，第四句从"隽永、迷人"提炼出"赞美"一词，概括起来就是"青春期的你，长大成熟、进步，值得赞美。"

接下来，我们来赏析两篇作文。这是去年毕业的学生在用了我教的"用关键词简化材料"，明确中心后写的作文。

《奋斗的青春最幸福》这个题目，将文章的中心锁定在"奋斗"和"幸福"上，所选材料都是围绕"奋斗"，突出"幸福"这个主题。我们来看一下，是否如我所说。

奋斗的青春最幸福

孟翔

青春是挥洒汗水、拼搏奋斗的季节。身在青春的我们，应该放胆去追、勇敢去拼。那样，青春才是充实的、才是幸福的。

美好的一天，从书声琅琅的早读开始。进了教室，我快速收拾好书包和作业，大步迈向柜子，把书包放到柜子里。匆忙中瞄一眼其他同学，认真背书的样子不禁让我加快手上的动作。回到座位，抽出课本，看一眼课文，然后闭上眼睛背书。上课铃声响起，老师也进了教室。我倔强地盯着最后几句课文，一直到背过了才放起来，开始上课。

课间操铃响起，教学楼里顿时变得热热闹闹。我尽快收拾好桌面，快步走下楼梯，去操场集合。先是慢跑热身，热身结束后开始一千米。大家站在起跑线上，哨声响起，一双双腿一起迈开，大步向前奔跑。我大概在中间的位置，一直保持均匀的呼吸，脚步也尽量不慢下来。但是嗓子越发干燥，双腿越发乏力，双臂也越发沉重酸痛。就只剩最后一圈了，我咬紧牙，奋力迈开双腿，挥舞的手臂也摆动得更快，不管自身快要耗尽的体力，直至奔向终点。当听到自己进步的成绩时，我心满意足地笑了。

下课，我拿着昨晚做的题，想给英语老师看看。可是当我进了办公室，却发现英语老师已经被团团围住。我叹了口气，转身想要离开，瞥到数学老师似乎在讲几何，我凑过去一听，恰巧是自己不大理解的部分。于是我手中拿着英语试题，在数学老师旁边听了一课间。上课铃声响起，我飞奔回教室。看着身边也在飞奔的同学们，我感到很快乐，很幸福。

青春是生机勃勃的、活力无限的。不奋斗的青春，怎么能叫青春？拼搏吧，奋斗吧！让自己的青春更幸福，更无悔！

这篇文章开头点题，结尾扣题，所选材料都围绕"奋斗"，并注意到了材料的多样化，所写的都是学校的真实生活，文中不乏细节描写，语言生动，中心突出，感情真挚。

青春的足迹

王海霖

我们行走在昂扬的青春之路上，大步向前。我们的每一次成就，每一次失败，都会在此路上留下深深的足迹。蓦然回首，过往的一切历历在目，每到此时，我的心中总是充满着深情与感动，情不自禁地高声呐喊：

成长的青春是多么幸福啊！

成长的足迹·荣耀

时光追溯到2018年的夏天，那时的我，还是个稚气未脱的少年。为了在校运动会400米跑的项目上夺冠，为了骄傲地登上领奖台，那个少年正在烈日下奔跑。忽然，他脚下一滑，摔在了炙热的跑道上，鲜血将跑道染得更红，汗水湿透了他的短袖，可那个少年又站起来了，奋力向终点跑去，他的身影在烈日下却愈发挺直。

有志者事竟成，在那次运动会上，他一马当先，怀着必胜的信念一往无前，最终如愿地站在了领奖台上，笑容充盈了那个如歌的夏天……

奋斗的青春，荣耀的足迹，这是我的幸福。

成长的足迹·挫折

去年腊月，漫雪之冬，岁寒似乎要将整个世界冻住，却无论如何也冰封不了那火炉旁的深刻回忆。

时已近年关，那时家中已是全家团圆。那寒冷而温馨的气息至今仍令我印象深刻。闲暇无事，我提出要和爷爷下象棋，没想到啊，我居然连输三局。我很是不服，提出再下一局，可是这次我输得更快了。这让我不痛快极了，却又无话可数，刚想离开，爷爷说："不沉心静气是难以下好象棋的，来，喝口茶，再下一盘。"说罢，端给我一杯热腾腾的绿茶。我学着爷爷的样子，细细啜了一口，苦中回甘。喝完以后，心里沉静多了。于是和爷爷继续下棋。那夜，在爷爷的不断指导下，我的棋艺与心境似乎提升了很多。那温暖炉火的夜晚也是我成长足迹中难以忘怀的记忆。

青春在挫折中不断成长，那永远是我最大的幸福。

青春之路漫漫，那或深或浅的足迹，那如歌的回忆，还有那在成长之路奔跑的少年，永远是感动而幸福的。

第二篇作文的题目是《青春的足迹》，开头点出"足迹""成长""幸福"，接下来作者用小标题的形式"成长的足迹·荣耀"，写了操场上的拼搏，如愿登上领奖台，点明"奋斗的青春，荣耀的足迹，这是我的幸福"的主题；第二个小标题"成长的足迹·挫折"，写了下棋中遇到了挫折得到了成长，总结出"青春在挫折中不断成长，那永远是我最大的幸福"的主题，再次突出了中心。结尾扣题不是对开头的简单重复，而是对前两件事的总结，做到了卒章显志，中心想不突出都难。

从这两篇文章可以看出，只要用关键词简化材料，明确中心，围绕中心命题选材、立意，作文就能突出中心。

接下来，我们来做几个练习，提高一下找关键词的能力，巩固一下所学方法。

例1 （2017年）题目：_____诚可贵

同学们，正值青春年华的我们，生活中肯定会被一些情怀感动，会被一些精神激励，会被一些智慧启迪……这些，都是我们成长的宝贵财富，对于我们的成长弥足珍贵！

这段材料的关键词有"青春""成长""财富""珍贵"，概括成一句话就是"成长是我们的财富，弥足珍贵"。

例2 自命题作文。

有位作家曾说："不管生活多么繁忙，读书和听音乐对我来说始终是极大的喜悦。唯独这份喜悦任谁都夺不走。"相信你也有各种各样的喜悦，这喜悦使生活多了趣味，让心灵得以舒展，为人生增添亮色。

这段材料的关键词是"各种各样""喜悦"，概括成一句话就是"写你生活中各种各样喜悦的事"。

例3 阅读下面材料，按要求作文。

毕淑敏说过："我们读书，然后才能不寂寞。真正会读书的人，永远不会累。"年少不知读书好，中年方知读书迟。清风明月，繁星满天，窗明几净，书香满屋。手捧《水浒传》，刀光剑影，除暴安良，豪情英雄，呼之欲出；细品泰戈尔，童年温情，生如夏花，赤子追梦，永葆真心；朗读艾青诗，饱尝离别，爱国情怀，繁花似锦，句句隽永……

这段材料的关键词是"读书""不寂寞""不会累"，就是让你"写生活中读书的、让你不寂寞、不感到累、开心的事。"

例4 阅读下面材料，按要求作文。

时代在变，青春责任不变。曾经有人认为，"90后""00后"是娇滴滴的，然而当新冠肺炎疫情突如其来时，年轻的医务人员写下"不计报酬、不畏生死、随叫随到"的请战书，奋勇冲锋；2020年入汛后，全国多地出现严重洪涝灾害，年轻的党员干部身先士卒、持续奋战，用血肉之躯筑起守护群众安全的"钢铁之堤"……

面对一个个困难、考验，广大青年不怕苦、不畏难，用臂膀扛起如山的责任，展现出青春激昂的风采，展现出中华民族的希望。广大青年用行动证明，新时代的中国青年是好样的，是堪当大任的！

（材料选编自《人民日报》）

这段材料的关键词是"青春责任""青年""不怕苦""不畏难""扛起""责任"，概括成一句话就是"青年们不怕苦，不畏难，扛起了责任"。

例5　阅读下面材料，按要求作文。

成功者之所以成功，是因为他们不浮躁、不喧闹，长年累月，脚踏实地、不动声色地努力。

真正的努力，是"不积跬步，无以至千里；不积小流，无以成江海"的积累；是"贵有恒，何必三更眠五更起；最无益，只怕一日曝十日寒"的自律；是"千淘万漉虽辛苦，吹尽狂沙始到金"的执着。

这段材料的关键词是"成功者""努力""积累""自律""执着"，概括成一句话就是"成功靠努力，努力就是积累、自律和执着"。

同学们，刚才我们是针对材料作文，也就是自命题作文进行审题训练。会给材料找关键词，命题作文和半命题作文就更不在话下了。比如，"做了一回最好的我"这个题目，关键词有"一回""最好"和"我"三个词；"我与明天的自己有个约定"这个题目，关键词有"我""明天的自己"和"约定"三个词。

作文写作的第一步就是审题，只有紧扣材料，审清题意，我们才能有的放矢，方法就是找出材料中的关键词，对提示材料进行简化，水落而石出，中心自然就会显现。希望同学们在今后的写作实践中，灵活运用这个方法，使你的文章中心明确突出。

运用思维导图，拓宽写作思路

李爱芳

　　思维导图是一种记笔记的方法，它把大脑的工作方式——发散性思维，用图文并重的形式加以记录，它的形状就像人类大脑的神经元，以细胞核为中心，向四周不断扩散。如图1-1所示。

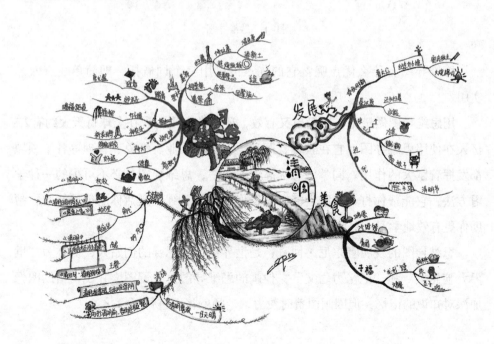

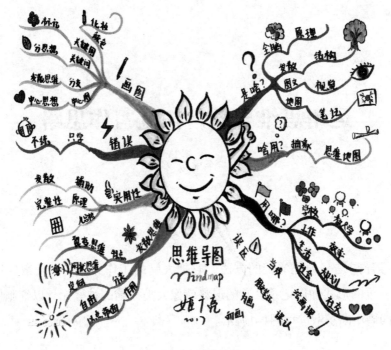

图1-1　思维导图

思维导图有什么优点呢？它的优点可以用三个词概括，即简单、有效、实用。

用思维导图做笔记，既简单又有效，还非常实用，现在全球每天大约有2.5亿人在使用思维导图。它在教育、医学、农业、工业、气象、管理等各个领域都发挥着巨大的作用。同学们想提高学习效率，思维导图是必不可少的一种学习方法，它能帮你打开大脑潜能，激发你的创新思维，激活你的创造能力，帮助你更有效地学习、更清晰地思维、更牢固地记忆。

思维导图的发明者东尼·博赞，是世界记忆锦标赛的创始人，被称为"世界大脑先生"和"记忆力之父"，他画的思维导图，强调图文并茂，借助图像加深对知识的记忆，但因画图费时费力，老师就将图进行了简化。

大家请看，这是我读完《骆驼祥子》后画的思维导图。如图1-2所示。

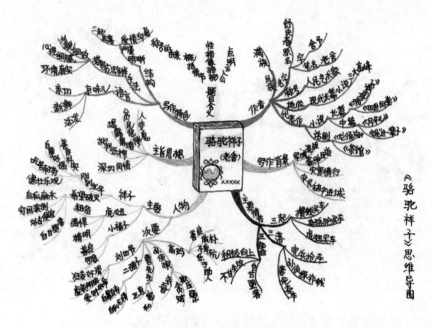

图1-2 《骆驼祥子》的思维导图

这一张是我读完《简·爱》画的思维导图。如图1-3所示。

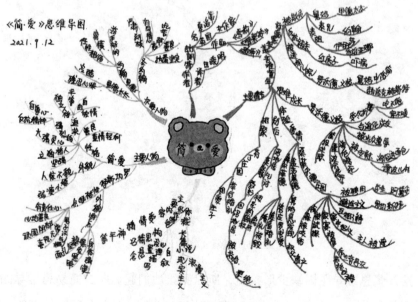

图1-3 《简·爱》的思维导图

这一张是议论文阅读指导思维导图。如图1-4所示。

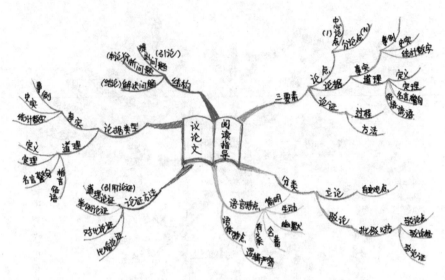

图1-4　议论文阅读指导思维导图

这一张是说明文阅读指导思维导图。如图1-5所示。

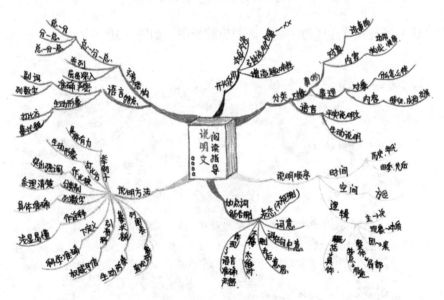

图1-5　说明文指导思维导图

这几张思维导图因缺少形象图，所以我给他们起名叫"简易思维导图"。

简易思维导图是我在教学过程中，结合农村中学生大多不擅长画画的实际情况，对东尼·博赞创造的思维导图进行了简化，要求学生绘制思维导图时不重视图案的描绘，只偏重于内容概括，强调抓关键词，把关键词与艳丽醒目的亮色线条建立连接，这样做节约了学习时间，省时省力，易于掌握，更适合初中生在课堂做笔记时使用。

根据思维导图的发明者东尼·博赞的研究，无论性别、年龄、地位、国籍，每个人都会运用发散性思维，将关键词和关键图像进行瞬时连接，一旦开始进行词汇联想，词与词之间便会一直连锁下去。

东尼·博赞以"幸福"为中心词，1分钟内写10个与其相关的词语为例，得出一个结论：人越多，共同使用的词汇概率就越小，每个人都是独特的，都是与众不同的。

东尼·博赞的理论为我们的创新写作教学提供了依据，既然我们都是独特的个体，都拥有十亿甚至上百亿没有与任何人共享的联想，为什么写出来的文章却如此类同？我想究其原因就是同学们的模仿能力发达，创新能力不足，思维囿于经验的牢笼，定式禁锢，活力被压制。比如，在考过的试题中有一篇要求以"把握"为题目的文章，大家不约而同地想到了"把握机会"，思维僵化固式，很难选出新颖的题材，也写不出别具一格出彩的文章。

如何打开同学们的写作思路，激活同学们的创造性思维？我反复思考，多次实践，将思维导图用于写作的前期构思，效果很好。下面就请同学们拿出纸笔，跟着老师一起来进行一次头脑风暴练习，感受一下思维导图在拓宽写作思路方面的独特魅力。如图1-6所示。

以"渴望"为中心词，写出你能想到的关联词。

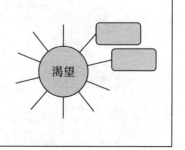

头脑风暴练习：
拿出一张纸来，在纸的中间位置写上"渴望"二字，用一个圆圈将"渴望"围起来，在圆的外边画上8至10条像太阳发出的光芒般均匀分布的斜线，画好后，在斜线的外端写上你能想到的与"渴望"相关联的词。

图1-6　关于"渴望"的头脑风暴练习

三分钟里，你想到了几个与"渴望"相关联的词？第一次练习如果能想到 8个，就做得很不错了，再多进行几次练习，你的思维会越来越灵活，所用时间 也会越来越短。

老师曾做了一个调查，876人参加问卷，这五个词：成功、幸福、长大、 被理解、朋友，前三个想到的有：A成功占40%，B幸福占19%，C长大占6%，D 被理解占21%，E朋友占8%，F无占6%。前三个想到的词中，共同想到的词汇人 数最多的是"成功"，其次是"被理解"，再次是"幸福"，前三个想到的词 中，这五个词一个也没有想到的仅有6%。

多次的实践结果，验证了我最初的判断是正确的：人的思维因受思维定式 的影响，越是最早想到的，越容易出现多人重复的现象；越到后面，思维就越 发散，越与众不同，越新颖奇特。想到的人越多，就越容易出现类同文，所以 在考试中应尽量避免选择用前三个想到的词汇进行构思立意。

请同学们从你刚才联想到的词汇中，选择一个人无我有的进行构思立 意，举个例子说，当初训练时班里有个成绩不好的同学写了一篇《渴望幻想成 真》，从学习、医疗、旅行三个方面来写，想象力非常丰富，符合学生的心 理，读来忍俊不禁；班里成绩中下的聂新昊同学写的《渴望拥有超能力》也非 常棒，他渴望这种超能力能将知识压缩打包装入人的大脑中，解决成绩不好的 问题；拥有一种魔力，给天天辛劳的父亲带来欢乐；让自己的双手解除年迈奶 奶的疼痛等，写作手法除了想象还有对比，见识广博，让老师也自叹不如。下 面是两位同学关于"渴望"的头脑风暴练习。如图1-7所示。

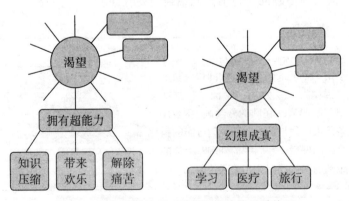

图1-7　两位同学关于"渴望"的头脑风暴练习

　　听了老师的讲解，接下来请同学们迅速启动大脑，进入构思立意环节，就是在你选中的关联词下面继续进行联想。

　　我们刚才就是运用简易思维导图进行了发散思维训练，发散思维能力越强，你的创新能力就越高，你的写作思路就越广。下面我们再来一次头脑风暴练习，以"错"为中心词，写出你能想到的关联词。

　　这是一个很有趣的头脑风暴练习，这样的练习做得越多，你的头脑就会越灵活，你的写作思路就越宽广。同学们还可以以"感恩、放弃、机会、渴望、成功、失败、亲情、目标、自由、分享、关爱、关注、承诺、风雨、甜、变化、路、担当、困难、危机、希望、信任、重要、习惯、速度、遗憾、学习、自律、兴趣、矛盾、考、度、秘密、暖、成长、贵、留住、英雄、守望相助、肩膀"等词汇进行创新思维练习，多进行几次练习，会迅速打开了你的思路，使你的思维广度和深度得到了大大提高。

　　简易思维导图的使用方法简单易学，今后的写作中，老师希望同学们能学有所用，写作前拿出三五分钟用思维导图进行构思立意，帮自己打开写作思路。再次强调，最先想到的几个关联词很容易出现雷同文，一定要多想几个关联词，然后从中择优选取，再进一步构思。老师衷心祝愿同学们，在以后的写作中能运用思维导图，拓宽写作思路，拥有创新思维，让你的文章选材、构思、立意新颖独特，做到人无我有，拒绝千篇一律，最终写出独具匠心、出彩吸睛的好文章！

正能量立意暖人心

李爱芳

各位老师和同学，我今天要讲的内容是：正能量立意暖人心。在正式讲这个内容之前，我想跟老师们谈谈我的"真趣"语文教学理念。

"真趣"语文就是教"真语文"，解决语文学习"真问题"，培养学生"真兴趣"，让语文学习充满生活气息。

基于"真趣"语文的教学宗旨，我的作文辅导系列课，时刻紧盯同学们写作中的实际问题，用心体悟、观察生活中的"真实"，密切关注时事，挖掘社会正能量，唱响时代主旋律。

什么是正能量？"正能量"指的是一种健康乐观、积极向上的动力和情感。这与作文立意的正确、健康、积极、深刻四个要求完全吻合。生活中所有积极的、健康的、催人奋进的、给人力量的、充满希望的人和事，都属于"正能量"。

为什么说"正能量立意暖人心"呢？这得结合年前发生在我身上的一件事说起，在我给大家讲这个事之前，先给大家看一样东西——戒尺。戒尺有什么作用？对，是用来惩戒学习不用心的学生、犯错的学生的。接下来老师问大家几个问题，希望大家能如实回答：你有没有被老师用戒尺惩戒过？因为什么？你是如何看待的？你恨老师吗？

"戒尺"的"戒"，警戒，惩戒；"尺"，尺度，标尺，标准。这些是人在成长中所必须熟知的，"没有规矩，难成方圆"，"心有戒尺知高低，心存敬畏不妄为"。不少伟大的人物都尝过戒尺的味道。少年邹韬奋在父亲面前背

《孟子·见梁惠王》，桌上放着一根两指阔的竹板，一想不起来就要挨一下打，半本书背下来，"右手掌被打得发肿，有半寸高，偷向灯光中一照，通亮，好像满肚子装着已成熟的丝的蚕身一样"，陪在一旁的母亲还要哭着说"打得好"。鲁迅的启蒙老师寿镜吾老先生是一个博学而又极为严厉的人，在他的三味书屋里，有戒尺，还有罚跪的规则，但是都不常用。"不常用"很写实，不常用不等于不用，同学们都知道，鲁迅对他的启蒙老师特别尊重，在他眼里，寿老先生方正、质朴、博学，教学极严。童年时鲁迅是否被寿老先生用戒尺敲过，咱们无从考究，但从鲁迅对寿老先生的敬重来看，他并没有因为戒尺而对老师有过不满。

　　我虽然比不上寿老先生博学，但我绝对是一位方正、质朴的老师。就在上周，教体局领导夸我对学生的爱是"一片冰心在玉壶"，说我是"一个十分纯真又朴实的人"。我告诉同学们这些不是想自夸炫耀，而是想让同学们明白，老师是你在这个世上，除了你的亲人外，最关心最爱你的那个人，当他们忍无可忍，拿起戒尺管你的时候，他们是多么恨铁不成钢，而他们管你，不是为了私心，不是为了泄愤，只是希望你能更好，将来更有出息。

　　在教学上，我的严厉可与寿老先生有得一拼，我教过的学生有没有夸我方正、质朴的不知道，但说我严格的不在少数。去年刚毕业的一个成绩一般的女生，给我总结了我的职业格言——"严师出高徒"。在听她说这是我的职业格言前，我倒没觉得是，现在一想，她说得很有道理，就默认了。其实我的职业格言还有一句："凭良心工作，对得起家长的信任，对得起学生的爱戴。"我不想同学们因为一分甚至半分之差，就与理想的高中失之交臂，所以对于学习不扎实的同学、多次教导无效的同学，我就会使用戒尺，虽然也不常用，但还是让一些同学忌惮，甚至让个别同学恨起了我，最终在使用了几次后，戒尺就被某个同学给丢了。

　　这是年前期末复习时的事，戒尺丢失后，有两周多我没去追究，在临近考前的两三天，看着学习越发不扎实的学生，我才想起找戒尺，东屋西屋翻箱倒柜也没有找到，在班里询问，结果没有一个同学承认给我丢了，期末考试后就放假了，这事也就不了了之了。

　　今年开学我又重提戒尺丢失的事，并在班里让大家谈谈对此事的看法，然后让同学们以"戒尺"为话题写一篇作文，要求立意健康正确，积极向上。

老师用戒尺惩戒学生是个全社会敏感的话题，说实话，应该很少有老师愿意拿这个话题让学生写作，而我却不想回避师生间的这个冲突，"真趣语文"就以"真"为根本，不解决"真问题"，师生间怎能有"真感情"？

而正是这次写作练习才给了我"正能量立意暖人心"的体会，下面咱们一起来欣赏三篇作文，看看我的学生是如何让我觉得温暖的。

戒 尺

杨炎欣

戒尺是一个很神奇的东西，每次老师拿起它，我都觉得老师又高大威严了很多，有了戒尺的"加持"，老师的"战斗力"也增加了不少。

清晨，暖阳洒在我们睡意蒙眬的脸上，让我们的全身放松下来，一个个趴在课桌上，摆出各种各样的姿势，压根听不进课去。老师站在讲台上不停歇地讲着，看到我们懒散的样子，眼睛瞪得老大，嘴角微微上扬，眉头一皱，好一个"死亡凝视"。只见老师生气地把书往讲台上一扔，大声说道："你们这一天天的，看看上个课都快睡着了，怎么着啊，还得放天假给你们回家睡觉啊？你们再不好好听课，我就请我的帮手——戒尺出场了，敲到手上的滋味可不好受，别怪我没提醒你们。"这话如同提神的药，我们一下子就清醒了，因为想到那个刻满弟子规又硬邦邦的戒尺"啪"的一下子打在手上有多疼，我们立马支棱起来了。老师见我们打起精神，又开始滔滔不绝地讲课了。

风头没过几天，快下课了，我们又在课堂上闹腾，一下子唤起了老师说请"帮手"的记忆，这次她大发雷霆，急匆匆地去办公室拿戒尺，我们每个人都吓得不停地打哆嗦，这下可惨了，我们要"凉凉"了！此时我心里不由想起了《凉凉》这首歌悲凉的前奏。时间还在一分一秒地流逝，可下课铃响了也没见老师回来，我们总算是松了一口气。

第二天，我们战战兢兢地走进教室，只见老师在讲台上批着作业，批到一半她突然眉头紧皱，怒气冲冲地说："我看你们这几天挺'飘'的啊，作业都敢这么草草了事了？"说完她便吩咐课代表去拿戒尺，可过了一会儿，课代表却两手空空地回来了，我们悬着的心总算是放下了，看老师一拍脑门，说：

"哎呀，居然忘带了，今天算你们走运，暂且放过你们吧……"

现在，我们明白了老师的良苦用心，她只是嘴上那么一说，其实不会真的打我们，她只是借着戒尺吓唬我们，想要我们好好学习。我们也知道了，那个戒尺是不会出现的。

杨炎欣是班里成绩中下游的同学，她的作文写了三个镜头：同学们不好好听课、课堂闹腾、作业草草了事。这三件事是在戒尺被同学丢了之后发生的，去年离期末考试还有一周半，我所任课的九（1）班班主任在家养病，班主任不来，班里的纪律和学习风气很不好，而我的戒尺那时已经被同学丢了一个多星期了，班里有一根拇指粗的条子，我却一直不愿用，所以才有了我找戒尺的几个镜头。杨炎欣就选取了这几件事，突出了"老师借戒尺吓唬我们，想要我们好好学习"这个主题，可真是视角独特，善解人意，让我读后心里甚觉温暖。

戒尺的警告
罗婷婷

戒尺，自古以来就是教师威严的象征。戒尺存在的意义是捍卫师道尊严，让淘气、落后的学生心生敬畏，从而重视学习和老师的教诲。

"丁零零"上课铃响了。趁着老师还没来，同学们争分夺秒地讲话，像孙悟空大闹天宫般炸开了锅。有的人津津乐道地讲着学校的八卦，而有的人到处借作业。

忽然，我们听见旁边办公室"砰"一下的关门声。霎时间，教室鸦雀无声。下一秒，语文老师走了进来，手臂夹着卷子和她的戒尺，目不斜视地大步走向讲台，接着传出"啪"的一声——那是试卷摔在讲台的声音。

此时，教室静得连一根针掉在地上的声音都能听见，只见语文老师用严厉的目光扫了我们一眼，开口说："昨天的卷子我已经批完了，考试需要注意的事项我已经不知道强调了多少遍，就是有的同学把我的话当耳旁风。现在我开始发卷，犯错的同学就得在我这'领奖'了。"自从老师进来我心里就发慌，看见那根戒尺更是不禁抖了抖。老师念了几个名字，上去的同学有的幸免，有的遇难。最终，老师还是叫到了我。

我迈着沉重的步伐走向讲台，老师瞥了我一眼，一边利落地指出我的错误，一边说："这些问题我讲了多少遍了，你身为课代表竟然带头出错，其他的话我也不多说，来，伸手吧！"

我颤颤巍巍地伸出了手，只见戒尺向我露出邪恶的鬼脸，快速地向我袭来。顿时，一阵痛感在手心弥漫，我快速地收回了手，拿着卷子回到了座位。

以后，每当我遇到这种题，我的手都会有若有似无的痛感，仿佛它提醒我不能再做错了。

鲁迅先生的启蒙老师寿镜吾老先生是一个博学而又极为严厉的人，他有一条戒尺，但是不常用。希望我也在戒尺不常用的情况下，有优秀的成绩。

罗婷婷是我的语文课代表，她的这篇作文完全写实，写了自己犯错后被我敲了一下，然后从中得到了警示，最后文章提到寿镜吾老先生不常用的戒尺，暗示我的戒尺也不常用，并希望自己能在戒尺不常用的情况下有优秀的成绩，虽然没有明说感谢老师的惩戒，但全文没有一句，甚至一个词表达出自己的不满和怨恨，立意积极向上，让老师安心又欣慰。

我与戒尺的故事

刘佳琳

新学期的语文老师可真不好惹，她的桌子上有一把戒尺。

"都强调几遍了？""你怎么就是记不住呢？""这题还要讲几遍？"等这些话，全都出自生气时语文老师的嘴。

有时候，老师为了让我们记住教训，她就会把她的那把戒尺拿出来，在手心上敲一下，有的同学就会将这个知识点熟记于心了。

我本以为，我不会被敲的。但是，天不尽如人意啊！

那是一个周二的上午，老师的脸色十分凝重，右手拿着昨天的卷子，左手拿着戒尺。同学们的心脏怦怦直跳，教室里十分的安静，谁也不敢发出一丝声响。

大约一分钟后，这份宁静被老师的话打破了。"咱同学这次考得十分不理想，古诗反复复习检测，快期末考试了，有些同学还是出错！文言文句子翻译一定要补上省略的主语，这都强调多少遍了，有的同学还是记不住……话不多说，被点名的同学上来领赏行了。""小丽，小明……"看着被叫上去的同学都无一幸免，我在心里默默祈祷着："千万别叫我，千万别叫我……"

"小红！"我身子一抖，迈着沉重的步伐走上了讲台。"你这个题怎么又做错了？你看看全班几个错的？你怎么左耳朵进右耳朵出呢？"说完，语文老师又耐心给我讲了一遍。但是，该来的还会来，"手！"我慢慢伸出了手，"啪"一声清脆的声音随着戒尺在我手心上响起。这次，我可把这个知识点记得滚瓜烂熟了。

俗话说得好：痛苦的经历，是最有力的教训。聪明的人是不会被一块石头绊倒两次的，从那以后，我再也没有左耳朵进右耳朵出了。

刘佳琳的这篇文章也很写实，她是我这个学期刚任命的课代表，学习成绩中游，她写的也是戒尺没丢之前的事，因为知识点总是记不牢，被我惩戒，虽然害怕，但最终得出"痛苦的经历是最有力的教训"的结论，"从那以后，再也没有左耳朵进右耳朵出了"。对老师的描写都是语言描写，没有抹黑或侮辱性语言，立意健康向上，充满正能量。

同学们，有一句大家耳熟能详的话，"良言一句三冬暖，恶语伤人六月寒"，咱们如此善良，对待陌生人都愿意好言好语，更何况是对那么关心关爱你的老师呢？所以，今后再遇到写老师、写朋友、写家人的作文时，一定要做到正能量立意，温暖主人公的同时，也温暖读者。

如何才能做到"正能量立意"？

方法很简单：一要分清敌友，凡是出卖祖国的是大敌，违法乱纪的是中敌，侮辱、打击、不尊重你的是小敌；凡是热爱祖国、热爱家乡的就是大爱，有血缘、对你不离不弃的是亲人，但是没有血缘却关爱你的就是朋友。

二要分清褒贬，对待敌人，我们要毫不留情，口诛笔伐，针砭时弊；对待亲人、朋友，我们就要心存善念，不抹黑、不丑化、不侮辱，感情上多褒少贬，贬亦要有分寸。

作文立意只有挖掘社会正能量，弘扬时代主旋律，才能让批阅的老师对你的作文充满好感，作文分数自然也会比满是消极负能量的高。像打游戏、上网、入迷看电视、读言情小说、谈恋爱等题材，都属于负能量范畴，在考试中要忌写这些内容，处理不好，就会适得其反。也尽量不要写小时候的事、小学的事情，选材也要与时俱进，时时关注社会热点。

　　作文要有真情实感，真情不能用流眼泪等俗气的语言表达，更忌胡编乱造，用假大空、不符合生活实际的语言叙事。

　　在我上完第三堂义教课的时候，就有同学问我：如何积累写作素材？我的回答就是：观察身边的人，留心生活中的事。就像我们今天看的三篇作文，都是生活学习中真实发生的事。只要你们能静心观察，用心体验，写作素材比比皆是，希望同学们在今后的学习中用心体验"真生活"，慧眼识别"真问题"，妙笔写出"真情趣"，聚力弘扬"正能量"，贬敌褒友"暖人心"。

文笔优美诚可贵，立意深远价更高

李爱芳

俗话说，得语文者得天下，想得语文就必须得作文，而得作文就必须重视作文的立意。

我们通常理解的立意是一篇作品所确立的文意，即确定一篇文章的主旨、主题，它不仅包括全文的思想内容，还包括作者的构思设想和写作意图及动机等，其概念要比主题广泛得多。一般意义上说的主题，是指作品的中心思想和文章的中心论点及基本观点。主题没有立意的全部特征，立意大于主题，包含主题。

我们今天所讲的立意，只针对文章主题的确立。一篇好的作文，立意正确、鲜明是基础，立意积极、充满正能量是关键，立意新颖、深远是最高境界。

立意的要求有如下几点。

1. 正确、鲜明

正确是立意的基本要求。所谓正确，是指所确立的主体反映了自然的本质和规律，反映了生活的本质和主流，符合自然和社会的发展规律。

所谓鲜明，是指所确立的主题能旗帜鲜明地表示爱什么，憎什么；赞成什么，反对什么。

2. 立意积极、充满正能量

"正能量"指的是一种健康乐观、积极向上的动力和情感。所谓积极向上、充满正能量就是文章主题不能有任何不健康的内容，表达的情感是积极的、催人奋进的、给人力量的，能给人带来希望。

47

3. 新颖、深远

新颖是指所确立的主题是作者的新认识、新感受，能给人以新的启示。

所谓深刻是指所确立的主题能反映生活的本质及内部规律，能揭示事物所包含的深刻思想意义。

立意产生在写作之前，意高文自胜，一个好的立意，能够让阅卷老师眼前一亮，不由得为你点赞。对于刚学写作的小学生来说，能学会遣词造句就是完成学习任务；对于初中低年级的同学来说，立意要做到正确、鲜明，老师们就甚感欣慰了；而对于初中高年级的同学来说，要求就要高得多了，不仅要做到立意正确，更要考虑到新颖和深远。

下面，我们结合一篇作文考题来体会一下立意深远的重要性。

2021年青岛莱西市初中学业水平考试一模检测作文题。

"生命诚可贵，爱情价更高，若为自由故，两者皆可抛""不自由，毋宁死""万类霜天竞自由"……自由，是所有生命的向往。请以"自由"为题目写一篇文章，力求写出真切体验和独特感受。

这是一篇有一定难度的文章，虽然材料里有了提示，但对学生来说选材和立意不好把握。考试中大部分学生绕过了这个题目，即使有几个选择这个题目写的，内容大抵就是：在家里父母管着，在学校老师管着，学习真累，没有自由，心情郁闷，然后特别渴望自由……

考试结束后，我认真分析了这个作文题目和学生存在的问题，针对这个材料，以"自由"为话题，运用思维导图进行构思立意训练。具体步骤如下。

第一步：进行缩小写作范围的头脑风暴练习，即运用简易思维导图，以"自由"为中心词，通过联想和想象写下8~10个与"自由"相关的词汇。

第二步：小组交流写下的词语，将共有的词语按照顺序排好，班级再进行交流、汇总；排除共有的排名前五的词汇，选取自己特有的又有内容可写的作为关键词。

第三步：针对这个目标，继续写出自己想到的材料，并确定文章的立意；小组交流立意，共同分析立意是否做到正确、新颖、高深。

第四步：修改立意，再根据构思的立意，认真作文。

立意训练结束后，我又给大家一节课完成作文，只有两组四个同学选了相同的题目，但内容不同。通过这个立意练习，很好地打开了写作思路，培养了求异思维，改变了思维定式，选出了新颖的题材，写出了别具一格的文章，全班同学的作文真正做到了百花齐放，文笔也尚可，没有雷同，消除了作文中千篇一律的现象。

批阅学生作文时，有一篇文笔优美的作文引起了我的注意，该作文大体内容是：自己到河里网到了一条特别漂亮的金鱼，非常开心，顾不上穿鞋，提上水桶里的鱼就往家里奔去，然后把鱼放进了一个大缸里，以为自己给了鱼儿自由，谁知晚上缸里却不见了鱼，寻去，发现鱼跳到了地上，已经奄奄一息。最后，学生由此事得出了"生命诚可贵，爱情价更高。若为自由故，两者皆可抛"的启示，紧扣了材料中"不自由，毋宁死"的主题，并对为了追求自由而舍弃生命的金鱼表示赞叹。

作为一个初中生，如此立意，实属不易。但作为一个正值青春年华的少年，如果因为得不到自由，就宁可抛弃生命，试想如果我们当老师的对此立意表示赞同，会给学生一些不够积极的负面的影响。毕竟作为这首诗的作者夏明翰当初写此诗是为了表明自己为了革命的胜利、为了生的自由才视死如归，愿意舍弃生命的。这首诗放到今天，让这些似懂非懂的学生们为了模糊的自由，就轻易舍弃自己的生命，这样的想法是不是太不合理？细细想来，今天的幸福生活，还有什么能比珍惜生命更重要的事呢？这"为了自由不要命"的启示着实让人吃惊，后怕不已。

因此，我想到了作文立意的问题，这真是"文笔优美诚可贵，立意深远价更高。若为健康向上故，正确引导不可抛。"

我找到了该生，与他讨论了文章的立意问题，指出此立意的不妥：鱼儿原本可以快乐的生活，却因追求自由而失去了生命，这多可惜呀。如果人这样做，是不是太偏激了？只为了追求自由，就不珍惜生命，弃父母的养育之恩于不顾，是不是太无情无义了？学生听了顿悟，回去重新修改了作文，同样是金鱼为了自由自取灭亡的事例，得出的启示却完全不同：自由不是随心所欲，过度的自由只会让自己毁灭。"文章合为时而著，诗歌合为事而作。"这样的立意对正处在懵懂时期的少年来说，是不是更有教育意义？

接下来，我们一起来欣赏一下这篇文章。

自由

孟翔

自由是什么？是鸟儿，无忧无虑地在广阔天空中翱翔？是鱼儿，来去自由地在无边的海洋里嬉戏？是蝶儿，无拘无束地在无垠的大地上欢舞？……那自由就是无拘无束，随心所欲吗？

我"啪"的一声合上课本，抬起头，两眼无神地放空。"自由究竟是什么？有什么界限？"我不禁思考着，随即又翻来课本：自由不能超越法律的界限。"自由就是不犯法，想做什么就做什么吗？"我猛地站起来，两眼放光地喊道。可我又低下了头，嘴上浮现着苦涩的笑，喃喃着："骗小孩的吧。"说着我抹了抹眼睛，挎上书包，走出学校。

雨后的空气，十分地清爽，路上散发着泥土味儿杂着小草的清香，在润湿的空气里翻揉酝酿。树上的鸣蝉，这时候也在嘹亮地响，好不自由！我漫步在这样充满乐趣的小泥路上，心情自然愉悦，却又有些莫名的郁闷。看着欢叫的鸣蝉，叽喳的麻雀，再看看家的方向，心中又不免升起一丝愁绪。"哎！爸爸今天是不是把小金鱼买回来了？"我惊奇地意识到，心中的几缕忧郁又化作清风伴着飞奔的我。

我跑回家中，飞进卫生间，看见桌上摆着的一大缸水和几只花花绿绿的金鱼，我兴奋得如三岁孩童，喂它们食，逗弄它们，静静看着它们在水中摇着尾巴游来游去，扑腾起阵阵小水花。过了足足半个小时，我才回到那让我幽怨的书房。书房里，我坐着，笔哗哗地写着，心思却在那自由自在的鱼儿上。我多想我也能成为一只小鱼儿，在宽广无边的海洋里游来游去啊。可是我不能，升学、成绩、学习，让我没有一点自由。我无奈地摇了摇头，叹了口气。

夜深了，我走进卫生间，打开灯，猛地发现有一条金鱼死在了地板上。我绝望又无解地盯着它。"它待在偌大的鱼缸里，难道不自由吗？难道不能欢畅地游泳吗？为什么还要跳出来，就为了随心所欲的自由吗？"我发出一串又一串的疑问，望着缸里剩下的金鱼，心里顿悟。"原来自由不是随心所欲啊，过渡的自由只会让自己毁灭，就像现在一样，如果我为了所谓的自由，随心玩乐，那我的学习不就完了吗？未来不就完了吗？我不就成了行尸走肉吗？……"

　　夜深人静，我为死去的金鱼惋惜，又为自己所庆幸。自由不是随心所欲，我慢慢走回书房，打开了灯，为了未来真正的自由，迈进。

　　改后的作文在学校的"语悦馨苑"公众号上发表，得到了其他老师的肯定，市教研员特意指出了作文立意的健康向上，让我甚感欣慰、自豪。大家通过稚嫩的心灵看世界，发现生活中的真善美，得到健康、积极向上的立意启示，正是我们当老师的孜孜不倦的追求。

　　我们再来欣赏两篇以"自由"主题，立意深远的文章。

放 弃

王海霖

　　夜，像是瞬息间深了。大雾弥漫，晨月渐敛，寒窗外，一片迷茫。

　　万千黯淡之中，房间里的灯独自散发着昏昏的光。我站在书桌旁，一张布满红叉的试卷和手机静静地躺在上面。我抉择着，沉思着，仿佛在思索着世界上最难的数学题。

　　"难道我就一定要删游戏吗？"我暗暗想，"可《王者荣耀》《和平精英》这些游戏我是真的舍不得啊。还有QQ，那么多游戏好友还有同学都和我聊天呢，我怎么可能不去看？算了算了，玩手机也许不一定影响学习，还是不用卸载了吧……"

　　我轻吁了一口气，望向窗外，却见着雾越来越大、越来越大，让我有点心神不宁。这个夜，越来越迷茫了。

　　盯着这白茫茫一片，我似乎忘却了时间，不知不觉已过了10分钟，仿佛是过了一个世纪。慢慢地，在这白茫茫中，我有些分神，恍惚间，似乎看到了爸爸妈妈焦急的泪容，看到了老师摇头叹息的无奈神情，看到了一个个关心我的人为我所做的付出，看到了沉迷于游戏而顾不上写作业的我正在慌乱，还看到了一张张错误百出的试卷……

　　渐渐地，风似乎起了，雾潮不安定地上下翻腾、沉涌，我的心也仿佛随之起伏，不安而悸动。

　　"难道，我真就该这样堕落下去吗？"我心里痛苦地纠结着。

　　"不，不！"我的心魂激烈呼喊，"绝对不！"我的呼吸越来越剧烈。

雾翻腾得更厉害了，风呼呼地吹着。依稀间，万千世界的边框开始明了起来了。

"别自欺欺人了，每天打游戏顾不上写作业怎么不影响学习？那些卷子就是最好的佐证！为了我的未来，为了所有人为我的付出，此时不搏，更待何时！"我昂起头坚定地、一字一顿地说着，像是宣誓一般。说罢，删去了自己所有的游戏。

正回味着，一缕月光轻柔地拍了拍我的肩，隐涩而朦胧，我缓缓转身。

雾浪已散，辰月既出，天空之上，明月清朗，星辰闪耀，天地显现出原本的轮廓。月色下，夜空已然明敞。

拂散了迷雾，便显露出似水镜天；放弃了游戏，便把握了未来。

这篇文章的作者用环境烘托人物的心情，实景"雾"由淡到浓、剧烈翻腾，再到散开，象征着人的迷茫由混沌到清朗；心理矛盾一波三折，反复纠结比较，最后幡然醒悟。语言优美，读后让人神清气爽；最值得赞赏的是作文的立意：放弃了游戏，便把握了未来。

我们继续欣赏下面这篇立意深远的文章。

放弃自由

王圣华

鱼和熊掌不可兼得，对自由的渴望，让我在自由和自律间选择了自由。

"丁零零……"一阵闹钟声响起，我烦躁地扯了扯被角盖住了自己的头，试图与那个聒噪的闹钟隔绝，但是它仍顽强地穿过被子，钻进了我的耳朵里。终于，我"呼"地起身关闭了闹钟，掀开被子，爬了起来。早起的母亲看到我行云流水般的操作，又转头看了眼闹钟，叹了口气向我走过来说："你舍得起床啦，真不知道哪来的那么多觉，都快中考了，一点也不着急！"听着这些话，我愈发烦躁，将手中的牙刷一放说道："我多睡会，怎么了？大周末的我就不能有点自由吗？""火烧眉毛的时候了，你还想要自由？"母亲听了我的话后，便恨铁不成钢地喊道。但我充耳不闻，继续刷牙。刷过牙后，我躺在床上拿过课外书开始读，一点也不想写作业，下午我陪着舅舅家的小孩玩耍。一切是那么自由。玩了一天已经很累了，自由是多么令人快乐，我躺在床上，心中这样想着，想着想着便进入了梦乡。

"请监考教师分发试卷"，广播中传来声响。老师开始发卷，看着发下的试卷，我有点紧张，随即我就看到了两个相似的题，忽然想到之前老师讲过，于是我的心情也跟着激动起来。开始答题！我兴奋地拿起笔，但不一会儿我就慌了神，那看似做过的题却绕了一个弯，我开始回忆，回忆老师讲的步骤。"完了！脑袋一片空白！"我的心态一下炸了，看着旁边同学都在奋笔疾书，而我却卡了壳，我愈发慌张。"考试时间到，请同学们停止答题。"两个小时，很快就过去了，我也清楚地意识到考砸了。同学们一个接一个地走出考场，她们在讨论着："这次数学题也太简单了吧？""对对对，而且英语也不难。""耶，考上高中有希望了！"听着别人兴高采烈的欢呼，看着他们激动的面容，我却愈发后悔。

但那也已经无济于事了，考试成绩出来了，很可惜，只差一点，若是那题多复习几遍，记牢了，结果肯定就不一样了。我垂眸，眼皮盖住瞳孔，像一颗失去了最后光彩的小石头。面对同学的疑惑，老师的失望，我开始自责后悔。回到家后，天气毫无征兆地暗了下来，母亲对我说："你快去玩吧，这下也考完了，这就是你想要的自由。""轰隆隆……"随着雷声的到来，大大小小的雨珠落下，它们肆意地拍打着窗户，我站在那里，眼中是无尽的后悔和不知所措……

"别睡了，吃饭了！"恍惚间我被母亲推醒，睁开朦胧的双眼，看到母亲亲切的脸庞，我忽地坐起，抱住母亲说了声："妈妈对不起，我这次没有考好。"母亲诧异地看向我，"你睡糊涂了，考什么了？"我愣了一会儿后便恍然大悟，原来刚才是老天给我的警告，我飞奔下床去吃晚饭。

吃过晚饭后，我坐在桌前开始做自己该做的事情，而这一次，我在自由和自律间选择了自律。没错，我要放弃自由，去换回同学的惊喜和老师的鼓励。

不少同学都渴望自由，没有家长和老师的管束，想干啥就干啥，随心所欲，就像这篇文章开始描写的状态：睡懒觉、看闲书、陪小孩玩耍，"一切是多么自由"，"自由是多么令人快乐！"但当考试后，别人都如愿考上理想的高中，作者却只有"无尽的悔恨"。幸亏这只是一场梦，好在作者及时醒悟："在自由和自律间选择了自律"，最终"放弃自由"。作者运用逆向思维，反弹琵琶，立意突破"渴望自由"的束缚，新颖高深，与众不同，值得夸赞。

以上三篇文章，在立意方面不仅做到了正确鲜明、积极向上，更注意到了选材新颖独特，构思巧妙、思想深远，值得我们学习。

不少同学在平时的作文练习中，不愿意在立意上下功夫，所写文章大多是东拼西凑，感情浮夸不真实。一篇好的文章，不是仅靠读读范文、背背优美的句子，临阵胡编乱造就可以完成，它需要我们"用心"：用心观察，用心体悟，用心构思立意。

如何能做到立意深远？在作文教学实践中，我总结了以下几点。

（1）运用思维导图进行头脑风暴练习，迅速写出所有能想到的关联词，排除前三个最先想到的词语，因为前几个是最容易类同的，尽量做到人无我有，与众不同，避免千篇一律。

（2）培养逆向思维、求异思维，学会从反面思考问题，独辟蹊径，得出与别人不同的结论，努力做到新颖。

（3）培养想象力与创新能力，构思时敢于大胆合理联想、想象，摒弃范文影响，打破固有的思维定式，发展发散思维，使自己具有敏锐的感知力、丰富的想象力、不凡的创新能力。

（4）与时俱进，培养正确的人生观、价值观和世界观。只有三观符合时代的要求，立意才能正确健康、积极向上，充满正能量，才能写出真善美的文章，从而为立意的高、深、远打下基础。

（5）情感升华，跳出个人生活的小圈子，把个人的小情小调升华为集体、国家、民族等高层次的情感境界中，进行立意时要紧扣题目往高处想，尽量做到时时把家国情怀放在前面，多对社会现象进行反思，多对传统文化进行思考，多对环境环保、绿色生态加以倡导，等等。

同学们，作文学习任重而道远，我们一定不要因为作文难而产生畏惧心理，在训练自己优美文笔的同时，把文章立意时刻放在写作的主要位置。聚沙成塔，积跬步至千里，相信你在作文练习中的付出一定会让自己受益终身。

塞万提斯有言："笔乃心灵之舌"。在今后的作文写作中，希望大家牢记狄德罗的"真理和美德是艺术的两个密友"，在作文立意方面深挖细探，使自己的作文立意更高、更深、更远。

寓教于图，激活创造思维

——浅谈思维导图在初中语文写作教学中的运用

李爱芳

在语文教学中的运用实践结果表明，思维导图的作用越来越明显：使繁杂的知识系统化，使抽象的知识直观化，使学生的学习更加自主、高效。随着研究的深入，我觉得只教会学生用思维导图总结知识是不够的，这种有模式的浅层次思维导图的运用，还不能完全发挥出思维导图的功效，思维导图的高层次、深层次的作用，应该是激发学生的思维能力，激活学生的创造能力。

作文教学是语文教学工作的半壁江山，提高学生的作文成绩是一个语文老师孜孜不倦的追求，但在近30年的教学中，我的批阅过程似乎总是反反复复闪现出"爸爸（妈妈）背着生病的我去医院""雨中送伞""学骑自行车""爸爸（妈妈）或者老师安慰考试失利的我"等恒久不变的话题，这种老生常谈、千篇一律的文章，让批阅者味同嚼蜡，索然无味，又如何能让学生坐稳这半壁江山？

如何能写出一篇有个性、与众不同的文章？当务之急要做的就是激发学生的创新思维，激活学生的创造能力。

如何激活学生的创造性思维，打开学生的写作思路？经过多次实践比较，反复思考总结，将思维导图用于写作的前期构思，效果很好。

我模仿东尼·博赞以"幸福"为中心词进行头脑风暴练习，以"幸福"为主题，让全班同学参与练习，在3分钟内写下10个想到的词语。刚开始时学生思维困顿阻塞，3分钟过去了，只有三两个同学在我的提示下写出了一半，我不断鼓励引导，5分钟，班里的同学大部分都完成，8分钟后收起来，班里只有一个人没有完成，还有两人不理解意思，有几个同学还分支写成了幸福是"什么""在哪里""意义"等。

我对同学们想到的词汇进行了统计，大家想到最多的词汇是"家人的爱、陪伴、团聚"，共有27人；其次是"成功、进步、学习、拼搏、收获、劳动"等，每个词汇大约有十一二个人；有七八个人想到的词汇是"友谊、奋斗、快乐、旅游"等；三四个人想到的有"读书、关爱、成长、实现愿望、得到、挫折、成功、师生情、帮助他人、青春"；独一无二的词汇有38个，有一些词汇出乎我的意料，如"醒悟、放松、批评、慢跑、被理解、被认可、分享、穿新衣、聊天、买东西、零花钱、童年、交新友、战胜困难、乐观、勇敢、自信、美食、追梦"等。

我把统计的结果告诉学生，对拥有独一无二词汇的学生加以表扬鼓励，并提醒他们：想到的人越多就越容易出现类同文，考试中应尽量避免选择前三个想到的词汇，写作要尽量选择范围小的内容进行构思选材，只有打开思路，才能拥有创新思维。

学生对这样的头脑风暴练习非常感兴趣，独特的思维让他们体验到了成功的喜悦。接下来，我又进行了一次这样的发散思维训练，分别选择了"感恩、放弃、机会、渴望、成功、失败、亲情、目标、自由、分享、关爱、关注、承诺、风雨、甜、变化、路、担当、困难、危机、希望、信任、重要、习惯、速度、遗憾、学习、自律、兴趣、矛盾、考、度、秘密、暖、成长、贵、留住、英雄、守望相助、肩膀"等词汇进行创新思维训练，多次训练迅速打开了学生的思路，使学生思维的广度和深度得到了大大的提高。

下面，我再给大家展示一下其中以"渴望"为主题词的头脑风暴练习的结果：全班33人参与练习，我按照共同想到的词汇的人数进行排序。见表1-2。

表1–2 以"渴望"为主题词的头脑风暴练习结果

人数由多到少的排序	共同想到的词汇	共同想到的词汇的人数	前三个想到的词汇的人数
1	成功	26	19
2	幸福	20	11
3	被理解	19	9
4	长大	13	8
5	朋友	12	5
6	被认可	11	7
	被关注	11	3
7	被重视	10	5
8	实现梦想	9	4
9	坚持	9	0
10	进步	8	3
	知识	8	1
	自由、包容	8	0
11	未来、勇敢	5	0
12	快乐、被夸奖	4	0
13	尊重、友情、帮助、得到、收获	3	0
14	再相遇、批评、战胜困难、师生情、平安、亲情、美食、被爱	2	0
15	自律、旅游、顺利、同伴、自立、拥有毅力、融入、团聚、和睦、礼物、超能力、平凡、劳动、力量、宁静、优秀、突破、宽容、坚强、重逢、自信、照顾、重用、荣誉、明天、公平、成才、拥有、私密空间、曙光、祝福、配合、美丽、分担、幻想成真、爬山、看海、阳光、挫折、坚持	1	0

头脑风暴练习结束后，我进行了统计，再将统计结果告诉学生，然后让学生从自己的练习中找出独特的立意开始写作，最终只有两组（4个）同学选了相同的题目，其他同学所选、所写内容都各不相同，真正消除了千篇一律的现象，做到了百花齐放。其中、班里有一个成绩在倒数的同学写了一篇《渴望幻

想成真》，是从学习、医疗、旅行三个方面来写的，想象力非常丰富，符合学生的心理，读来忍俊不禁；在班里成绩中下的同学写的《渴望拥有超能力》，也非常棒，见识广博，让老师也自叹不如；《渴望学会宽容》写同伴的宽容让自己无地自容，后特别渴望自己也能宽容和大度，选材很好；《渴望自律》写出了他不够自律的特点，有生活气息；《渴望分担》写出了父母不让他干活的无奈；《渴望宁静》别有情致，写出了自己被家人唠叨和不理解，特别希望拥有一个宁静的环境。

多次的实践结果验证了我最初的判断是正确的：人的思维因受思维定式的影响，越是最早想到的，越容易出现多人重复的现象；越到后面，思维越发散，就越与众不同，越新颖奇特。所以写作前，运用思维导图进行发散性创造思维活动，尤其重要。

运用思维导图激发学生的创造思维，培养学生的创新能力是作文教学中的重要一环，想要写出独具匠心的文章，就要运用思维导图培养发散思维，只有这样，才能让选材、构思和立意独特新颖，最终写出吸睛的好文章。

细节之中见神韵

——记叙文中的细节描写

李爱芳

请同学们读下面两篇作文，认真比较一下：哪一篇写得生动形象，并结合例文说明理由。

📖 **例文1：**

我的弟弟

我的弟弟叫杜俊，小名叫豪豪，今年8岁，属牛的。长得很漂亮，就是太调皮了。我弟弟很喜欢我，一有空就跑到我家里和我玩。

有一次，我正在家里吃葡萄，他一下子把门撞开就冲了进来，一看到葡萄就用手去抓，我一下子把他打开了。我让他去洗手，他就气得在地上打滚，装哭。我低下头问他："小狗是谁？"他想了想说："反正不是我。"我又说："现在在我家里有只小狗，你说他是谁？"我以为这下他就没法说了。可他说："小狗是丑丑。"（我家确实有只小狗叫丑丑）把我都捉弄笑了。最后经过一番谈判，以他给我倒一袋垃圾为代价换取了一些葡萄。后来，听我爸爸说，叫他倒的那袋垃圾出现在了我家屋后，而不是垃圾堆。

还有一次，我与他打扑克，他刚学会不太会玩，插牌的速度很慢，所以我与他玩的时候常常要赖：趁他不注意的时候，我就把手里的小牌和下面的大牌换了，所以他每次都是输。我以为他是因为每次输的原因才不玩了，可他却说："你耍赖的次数太多了，我每次都能看到，耍赖的技术也不过关。"结果当他站起来要走的时候，屁股底下却出现了一堆牌。

这就是我的弟弟，一个又馋、又懒、又很聪明、又很机灵的小孩。

📖 例文2：

我的弟弟

我的弟弟叫豪豪，今年8岁，属牛的。他白嫩的脸蛋上镶嵌着黑宝石般的眸子，模样俊秀得像个女孩子。他虽然属牛，但骨子里却没有牛的那种老实与稳重，反而透出了猴子的机灵与调皮。因此，他在本家素有"开心果"之称，他的趣事时刻在发生。瞧，好戏又开场了……

一天，我在家吃葡萄，鼻子很尖的他闻味后，夺门而入，伸手就去抓，看那双沾满污迹的小手向葡萄伸去，早已形成条件反射的我，伸手将其打到一边，并下令让他去洗手。可这次他怎么也不听，躺在地上"清洁地面"——打滚。我灵机一动，问道："咱家现在有只小狗，是谁？""小狗？"他故作疑惑，狡黠地说："是丑丑啊！"（我家确实有只小狗叫丑丑），我被他捉弄笑了，最后经过一番谈判，我们和平解决：他以倒一袋垃圾的代价换取了一些葡萄。本以为这事就此结束，可没想到，他刚走不久，爸爸进来对我说："你是越来越懒了啊，垃圾倒在咱家屋后就行了。"垃圾在屋后？竟然在屋后？天啊，我竟上了这个小家伙的当！

经过这次事件之后，我发誓定要报仇雪恨，终于，机会来了……

一天，弟弟吵着要打牌，可是，与刚学会打牌的他玩起来多没意思。不过，偶然一个想法在我脑海中闪现：以弟弟的好胜心，我只要连胜他三局，定会把他气得够呛。打牌开始了，在玩中，我从不放弃每一次机遇——趁他不注意，偷偷地把牌换掉。也不知小家伙怎么弄的，挺厉害的，出牌总是那么有把握。最终，我以5∶3胜利了。他气得脸红红的，说道："不和你玩了，你总爱耍赖，每次都让我看到，耍赖技术一点也不过关！"哇！简直是神童！连这都能让他看穿，我气愤地朝他扑去，这一扑不要紧，他也露馅了，他的屁股下竟出现了一堆牌。唉，我又一次战败了……

弟弟就是这么有趣，但不管是调皮的他，可爱的他，还是机灵的他，永远都是我的最爱！

读完两篇文章，我们发现：第一篇文章写得不生动，太空洞，语言平淡；第二篇文章运用大量描写，语言生动、形象，使人物活了起来。

同学们，中考作文要想获得高分，语言除了基本的要求准确、通顺之外，其表现力和感染力也直接决定着文章的质量，因此富有文采的语言表达是必须的。那么，我们如何做到这一点呢？今天，我们一起来研究其中的一个方面——细节描写。

首先，我们来明确一下什么是细节描写？

细节描写是指对刻画人物性格和推动情节发展起特殊作用的一些细小环节，如语言、动作、外貌、心理、神态、景物（场景）等进行具体细致、生动形象的描写。

接下来，我们通过名人谈细节描写来了解一下细节描写的作用。

著名作家赵树理说："细致的作用在于给人以真实感，越细致越容易使人觉得像真的，从而使人看了以后的印象更深刻。"

江苏高考作文阅卷组长何永康教授说：从某种意义上说，一个好的细节描写顶得上千言万语。一两个生活细节描写是记叙文中亮点和得分点。

由此可见，细节描写会提高文章的感染力，使读者获得"如见其人""如睹其物""如临其境"之真实感，给读者留下深刻印象，从而帮助你在考试中获得高分。

一、细节描写方法探究

方法一：外貌独特，抓住特征

相貌是千差万别的，并且是时刻在变化的，所以我们在描写人物时，就要选取最能反映人物身份与性格的特征，捕捉最能表现人物内心情感与个性特征的瞬间画面，而不要面面俱到。

例如：他身材很高大；青白脸色，皱纹间时常夹些伤痕；一部乱蓬蓬的花白胡子。穿的虽然是长衫，可是又脏又破，似乎十多年没有补，也没有洗。

——鲁迅《孔乙己》

鲁迅描写孔乙己的外貌，写长衫又脏又破，长期不洗不补，既说明孔乙己很穷，只有一件长衫，又说明他很懒，连洗补衣服都不肯动手。不肯脱下这么一件长衫，是唯恐失去他读书人的身份。这个细节描写，揭示了孔乙己懒惰而又死爱面子的特征，把孔乙己的社会地位、思想性格和所受教育揭示得十分深刻。

另外要注意，描写人物外貌时还要合理安排描写顺序，一般要先写整体再写局部，局部描写时按照从上到下的顺序。

方法二：语言个性，符合身份

"忘了？这真是贵人眼高……"

"阿呀阿呀，真是愈有钱，便愈是一毫不肯放松，愈是一毫不肯放松，便愈有钱……"圆规一面愤愤的回转身，一面絮絮的说，慢慢向外走，顺便将我母亲的一副手套塞在裤腰里，出去了。

——鲁迅《故乡》

这些语言描写刻画出了杨二嫂尖酸刻薄的人物形象。

方法三：动作分解，细化过程

父亲坚持要亲自帮我铺床，他慢慢地从楼下抱上来三床被，将两床铺在床板上当垫被，又摸索着将被子沿床边折叠好，再铺上床单，然后将盖被放在上面。做完这一切，他又下楼去找来一个枕头，放在我的床头，把手伸进被窝里捂一会，说道："这下应该不冷了"，看着父亲忙碌的样子，我想伸手帮忙，他却让我先歇着。

——刘雪丰《父亲老了》

作者将"晚上，父亲亲自帮我铺好了床"的"铺床"这个动作分解成"抱被、铺被、铺床单、找枕头、捂被窝"五个动作，表现了父亲细心的性格特点，也表达了父亲对"我"的爱。

明确动作描写要点：动作描写要细致分解，即将要描写的动作分解为几个，然后对每个分解动作进行描写（注意动词的选用），写出人物动作的生动性，重视细节描写，并反映出人物的性格特点。

扫开一块雪，露出地面，用一枝短棒支起一面大的竹筛来，下面撒些秕谷，棒上系一条长绳，人远远地牵着，看鸟雀下来啄食，走到竹筛底下的时候，将绳子一拉，便罩住了。

——鲁迅《从百草园到三味书屋》

这段描写将捕鸟的动作细化分解，使我们对捕鸟的整个过程有了直观形象的了解，突出强调了作者对捕鸟这件事印象深刻及对童年生活的留恋。如果只是概括成"那天，他在雪地里罩住了一只小鸟。"就缺少真实感，让人觉得索然无味。

方法四：联想想象，揣摩心理

恰当的人物心理活动描写能反映人物的思想变化，揭示人物的性格特征，使人物形象更丰富、更饱满，同时也能推动故事情节的发展，深化文章的主题。

直接描写人物的心理活动，多出现在第一人称的文章中。可直接写"我"的想法、感受、打算等，是我的感情、情绪的自然流露。

除了直接描写人物的心理活动，我们还可以运用联想和想象间接写人物的心理活动，如下：

屋顶上鸽子咕咕咕咕地低声叫着，我心里想："他们该不会强迫这些鸽子也用德国话唱歌吧！"

——都德《最后一课》

这段细节性的心理描写，写出了当小弗郎士听到学校屋顶上鸽子咕咕的叫声时，内心表现出对敌人禁教法语的卑劣行径的轻蔑、憎恨和珍视祖国语言的深厚感情。

我每次抬起头来，总看见韩麦尔先生坐在椅子里，一动也不动，瞪着眼看周围的东西，好像要把这教室里的东西都装在眼睛里带走似的。只要想想：四十年来，他一直在这里，窗外是他的小院子，面前是他的学生；用了多年的课桌和椅子，擦光了，磨损了；院子里的胡桃树长高了；他亲手栽的紫藤，如今也绕着窗口一直爬到屋顶了。

可怜的人啊，现在要他跟这一切分手，叫他怎么不伤心呢？

——都德《最后一课》

这两段心理活动描写，都是通过小弗朗士的想象，揣测其他人物的心理活动，这些心理活动描写，能更好地表现人物形象，突出文章的中心。

方法五：表情细微，变化见情

那天我又独自坐在屋里，看着窗外的树叶 "唰唰啦啦" 地飘落。母亲进来了，挡在窗前："北海的菊花开了，我推着你去看看吧。" 她憔悴的脸上现出央求般的神色。"什么时候？" "你要是愿意，就明天？" 她说。我的回答已经让她喜出望外了。

——史铁生《秋天的怀念》

人物的表情变化是很丰富的，我们在写作时，要好好描写人物面部表情细微的变化，这些变化里寄寓着人物的情感，表现着文章的主题。

这段例句人物脸上的 "憔悴" 和 "央求般的神色"，以及听到 "我" 回答时的 "喜出望外"，这细微的表情变化，充分表达了母亲对 "我" 的关爱，也表现了 "我" 对 "母亲" 的思念。

方法六：调动感官，步步追问

原文：爸妈常在晚上出门，我一个人待在家里，非常害怕。晚上看家，实在可怕，非常的可怕。这种可怕是文章所写不出来的。啊！晚上看家，太可怕了，是世界上最可怕的事。可怕，可怕，真是可怕！

显然，这段话写得很空洞。我们不妨试着调动各种感官，用步步追问的方法来修改，如：

那时候我的眼睛看到什么？ （看——视觉）

我的耳朵听到什么？ （听——听觉）

我的心里感到什么？ （感——感受）

我的脑里想到什么？ （想——心理描写）

改文：爸、妈上街去了，我一个人待在家里。当我看到行人从窗外走过的黑影（看），或是听到厨房里传来 "砰砰" 的声音（听），我便以为小偷来了，吓得说不出话来（感）。假如小偷来了，他会把我绑起来，用毛巾把我的嘴塞住，不让我喊叫，然后偷我家的钱，搬走我的电脑（想）。我不敢捉小偷，所以跑进卧室里，锁起了房门，躲在被窝里一直祈祷：爸、妈，赶快回来吧（想）！

方法七：环境渲染，深化主题

清代学者王国维说："一切景语皆情语。"文学作品中的环境和景物的描写总是为刻画人物、深化主题服务的。

不同的心情看相同的景物时，会产生不同的感受。因此，人的眼睛能根据自己的心情，随主观感受选择景物。把这些在特定感受笼罩下的景物描写出来，就能充分表现人物的心理状态，深化文章的主题。

时候既然是深冬；渐近故乡时，天气又阴晦了，冷风吹进船舱中，呜呜的响，从篷隙向外一望，苍黄的天底下，远近横着几个萧索的荒村，没有一些活气。我的心禁不住悲凉起来了。

——鲁迅《故乡》

这一段描写的是旧中国农村的缩影，也是人物活动的社会背景，反映了辛亥革命后十年间中国农村衰败、萧条、日趋破产的景象，表达了作者对现实破败"故乡"的失望和不满。

街上的柳树像病了似的，叶子挂着层灰土在枝上打着卷；枝条一动也懒得动，无精打采的低垂着。马路上一个水点也没有，干巴巴的发着白光。便道上尘土飞起多高，跟天上的灰气连接起来，结成一片毒恶的灰沙阵，烫着行人的脸。处处干燥，处处烫手，处处憋闷，整个老城像烧透了的砖窑，使人喘不过气。

——老舍《骆驼祥子》

这段景物描写写天气的酷热，描绘了祥子出车时恶劣的环境，有力地衬托了祥子在烈日下备受煎熬的痛苦，深化了文章的主题。

细节描写注意问题：细节描写的手段，归纳起来说就是"放大细小"，从而凸显所写对象的特点。

一篇文章，有一句或一段生动的细节描写，就能对人物形象的塑造起到画龙点睛的作用，就能让人对文中的人物过目而久久不忘。

当然，并不是所有生活中的细节都具有价值，也不是只要写得"细"就可以。好的细节描写必须是有用的、真实的、典型的。它必须为展示人物的精神风貌和深化文章的主题服务，它必须符合人物的性格特点，符合现实生活的实际，最能突出人物的个性特征。不然，就不是什么画龙点睛，倒可能是画蛇添足了。

因此，在进行细节描写时要注意以下几点。

（1）要真实，要符合生活实际；

（2）要有选择，要典型，要为表现中心服务；

（3）要新颖，切忌一般化。

同学们，我们要用双眼发现细节，用心灵感悟细节，用文字展现细节，让我们作文中的细节描写展现出应有的神韵，让我们作文的语言更富有文采。

二、美文品鉴

请同学们默读下面这篇考场优秀作文，说说这篇文章中有哪些细节描写特别精彩，给你留下了深刻印象。

此中有真意

左雨茵

那件事情发生在冬季，她永远地走了。

她八十多岁了，一直瘫痪在床，在她生命的最后几周里，她瘦成了皮包骨。

她不容易的，爷爷很早就走了，她独自一人把五个儿子抚养成人，在那个物质极不充裕的年代，其中的辛酸和艰难，恐怕只有她自己知道。

她不是很喜欢我，因为我不是男孩，那个时代重男轻女的思想早已在她心中根深蒂固，所以，她曾把高烧烧到嘴唇发紫的我丢在一旁，转而去侍弄她的牛。

不过，那些皆已成为过往，凡事都得向前看，改不了的。

她是在深夜中离开的，我并未目睹。但在白天，我站在一堆人的缝隙中望着她，她侧着身子，双眼紧闭，眼窝凹陷；头发早已失去光泽，干枯扭曲，好似一团刚刚经历过霜降的枯草；她的胸膛不断起伏着，呼吸很吃力；手臂上青筋暴起，整个人被一股死亡之气笼罩着，压抑至极。

她身上穿着的那件黑底白花的棉衣，是我亲手给她穿上的。我已经很久没有去看望过她了，在与妈妈逛街时见到了这么一件衣服，觉得特别适合她，便买了。回到家后我俩就一块去看了看她。见到她那皮包骨的模样时，我简直认不出她来了。她变了好多好多，一个人坐着，沉默着。我压住心中的悲伤，笑着和她打了声招呼，慢慢给她穿上了那件棉服，"你看吧，果然很合适！"我笑着夸了一句，假装没看见她在偷偷抹眼泪。她轻轻点了点头，不知从哪里掏出一个橘子，颤颤巍巍地递给了我。我鼻头猛的一酸，眼中泛起泪花，但我还是生生憋下，笑着收下了橘子。她已说不成话，嘴里一直喃喃地说着一句话，我听了好几遍才听清楚，"对不起啊，对不起。"我拼命忍着眼泪，与她又说了几句话，便逃也似的走了。

没关系的奶奶，那些事我早都忘记了，但这句"对不起"中饱含的歉意和情感，我会永远记得。

文中的细节描写有很多处，如"她曾把高烧烧到嘴唇发紫的我丢在一旁，转而去侍弄她的牛。"这个细节描写交代了奶奶重男轻女的思想，为后面奶奶的道歉做了铺垫；"她侧着身子，双眼紧闭，眼窝凹陷；头发早已失去光泽，干枯扭曲，好似一团刚刚经历过霜降的枯草；她的胸膛不断起伏着，呼吸很吃力；手臂上青筋暴起，整个人被一股死亡之气笼罩着，压抑至极。"这段外貌细节描写写出了奶奶将要去世时的样子，让人心酸。

三、教师寄语

请关注生活细节，用慧眼观察世界，用妙笔描绘人生。

为追梦想赴学海　力求高效细备战

李爱芳

2022年6月13日，是青岛市教育局公布的初中学业水平语文测试的时间，留给我们仅有一个月的备考时间了。这4周，是备考的黄金期，接到张老师的指令，我今天来谈一下作文备考方案。

俗话说："得语文者得天下。"我认为，想得语文必须先得作文。作文教学是语文教学工作的半壁江山，提高同学们的作文成绩是一个语文老师孜孜不倦的追求。

一篇有个性、与众不同的好文章，能够让阅卷老师眼前一亮。如何能让学生的文章出彩吸睛呢？我打算从分析中考题型、明确备考方向，实用写作技巧推荐，短期高效备考建议三个方面来谈一谈。

首先，我们来明确一下青岛市近五年的学业水平测试作文题型。作文考试题型包括命题作文、半命题作文、材料作文（自命题作文）、话题作文四种类型。见表1-3。

表1-3　作文考试题型

作文题型	命题作文	半命题作文	材料作文（自命题作文）	话题作文
2017年	做了一回最好的我	_____诚可贵		
2018年	这也是一种荣誉		自命题作文	
2019年		镌刻在_____的约定	自命题作文	
2020年	重返校园以后		阅读下面材料，按要求作文	

（续表）

作文题型	命题作文	半命题作文	材料作文（自命题作文）	话题作文
2021年	这才是该有的样子		阅读下面的诗歌，按要求作文。	
近五年	考四次	考两次	考四次	五年未考

总结近五年的作文考题，命题作文考了四次，半命题作文考了两次，材料作文（自命题作文）考了四次，话题作文近五年中考没有考过。我又将每一类作文写作要求进行了比对，它们各自的写作要求见表1-4和表1-5。

表1-4　各类型作文写作要求比较（详细版）

类型	题目或材料	写作要求	各类作文要求	三类异同点
命题作文	做了一回最好的我	根据自己的理解，结合你的生活经历和感悟，写一篇600字左右的记叙文，力求写出真切体验与独特感受，文中不得出现真实的校名与人名	1.结合你的生活经历和感悟。2.写一篇记叙文。3.写出真切体验与独特感受。4.600字左右或不少于600字。5.不得出现真实的校名与人名	共同点：1.结合你的生活经历和感悟。2.写出真切体验与独特感受。3.600字左右或不少于600字。4.不得出现真实的校名与人名。
	这也是一种荣誉	根据你的理解，结合自己的生活经历和感悟，写一篇600字左右的记叙文，力求写出真切体验与独特感受，文中不得出现真实的校名与人名		
	重返校园以后 突如其来的疫情让我们经历了漫长的假期。五月，你接到了复学的通知，重返校园	写一篇记叙文：要求：①力求写出真切体验与独特感受；②不少于600字；③文中不得出现真实的校名与人名		不同点：命题作文要求写一篇记叙文；半命题作文要求自选文体或写记叙文；材料作文要求自选文体，并自拟题目
	这才是该有的样子 作为子女，应该有子女的样子；作为中学生，应该有中学生的样子；作为公民，应该有公民的样子……	写一篇记叙文：要求：①写出真切体验和独特感受；②不少于600字；③文中不得出现真实的校名与人名		

（续表）

类型	题目或材料	写作要求	各类作文要求	三类异同点
半命题作文	_____诚可贵 同学们，正值青春年华的我们，生活中肯定会被一些情怀感动，会被一些精神激励，会被一些智慧启迪……这些，都是我们成长的宝贵财富，对于我们的成长弥足珍贵	先将题目补充完整，结合自己的生活经历和感悟，自选文体（诗歌、戏剧除外），写一篇600字左右的文章，力求写出真切体验与独特感受，文中不得出现真实的校名与人名	1.结合自己的生活经历和感悟。 2.自选文体或记叙文。 3.写出真切体验与独特感受。 4.600字左右。 5.不得出现真实的校名与人名	
	镌刻在_____的约定 一份约定，或关乎友谊，或关乎亲情，或关乎过往，或关乎未来……你曾经与谁约定？又将这份约定镌刻在何处	①先将题目补充完整，然后作文；②写一篇600字左右的记叙文，力求写出真切体验与独特感受；③文中不得出现真实的校名与人名		
材料作文（自命题作文）	有位作家曾说："不管生活多么繁忙，读书和听音乐对我来说始终是极大的喜悦。唯独这份喜悦任谁都夺不走。"相信你也有各种各样的喜悦，这喜悦使生活多了趣味，让心灵得以舒展，为人生增添亮色	根据你对上面这段话的理解，结合自己的生活经历和感悟，自拟题目，自选文体（诗歌、戏剧除外），写一篇600字左右的文章，文中不得出现真实的校名与人名	1.结合自己的生活经历和感悟。 2.自选文体。 3.自拟题目。 4.写你的感受和思考。 5.600字左右或不少于600字。 6.不得出现真实校名与人名	
	童话大王郑渊洁去参加笔会，有位作家在发言时，大谈自己读了很多书，此人在说完一位外国作家的书后，问郑渊洁："你知道这本书吗？"郑渊洁摇了摇头说："不知道。"	请你结合自己的经历或感悟，自拟题目，自选文体（诗歌、戏剧除外），写一篇600字左右的文章，文中不得出现真实的校名与人名		

（续表）

类型	题目或材料	写作要求	各类作文要求	三类异同点
材料作文（自命题作文）	世界那么大，知识那么多，谁都不可能全知道。"说'不知道'"体现了一种态度、一种品质、一种精神、一种胸怀……			
	你浑身都是青春的火花，青春的鲜艳，青春的生命、才华，……眼看自己一天天地长大成熟，进步，了解的东西一天天的加多，精神领域一天天的加阔，胸襟一天天的宽大，感情一天天的丰满深刻；这不是人生最美满的幸福是什么！这不是最隽永最迷人的诗歌是什么！（选自《傅雷家书》）	这段话引发了你怎样的感受和思考？请写一篇文章，可以叙写自己的经历，可以抒发情感，也可以发表议论。要求：①自选角度，自定立意，自拟题目；②自选文体，诗歌除外；③不少于600字；④文中不得出现真实的校名与人名		
	《统一》聂鲁达所有的叶是这一片，所有的花是这一朵，繁多是个谎言。因为一切果实并无差异，所有树木无非一棵，整片大地是一朵花	这首小诗引发了你怎样的感受和思考？请写一篇文章，可以叙写自己的经历，也可以抒发情感，也可以发表议论。要求：①自选角度，自定立意，自拟题目；②自选文体，诗歌除外；③不少于600字；④文中不得出现真实的校名与人名		

表1-5 各类作文写作要求比较（简约版）

命题作文	半命题作文	材料作文（自命题作文）
1.结合你的生活经历和感悟	1.结合自己的生活经历和感悟	1.结合自己的生活经历和感悟
2.写一篇记叙文	2.自选文体或记叙文	2.自选文体

（续表）

命题作文	半命题作文	材料作文（自命题作文）
		3.自拟题目
3.写出真切体验与独特感受	3.写出真切体验与独特感受	4.写你的感受和思考
4.600字左右或不少于600字	4.600字左右	5.600字左右或不少于600字
5.不得出现真实的校名与人名	5.不得出现真实的校名与人名	6.不得出现真实的校名与人名

通过对比发现，不管是哪种类型的作文，有四个要求是完全一致的，即结合你的生活经历和感悟；写出真切体验与独特感受；600字左右或不少于600字；不得出现真实的校名与人名。

不同点：命题作文要求写一篇记叙文；半命题作文要求写记叙文或自选文体；材料作文要求自选文体（诗歌、戏剧除外），并自拟题目。

至于中考时选择哪一种文体，我的建议是写记叙文，原因有三：一是，初中重点学习的是记叙文体的文章；二是，平时写作练习大多练习的是记叙文；三是，初中生受年龄、心理水平、认知能力所限，很难有深刻的、独到的见解，记叙文较简单。

自拟题目一定要注意先缩小范围，拟题时可以用上扩充词汇法、诗句引用法、修辞法等常用的方法。

四个共同点中，抛去字数要求和信息保密要求，就剩下了"结合你的生活经历和感悟""写出真切体验与独特感受"两个要求了，这就给我们备考指明了方向：一要，重视自己的生活经历和感悟；二要，结合自己的体验写出真情实感；三要，视角新颖独特、选材与众不同。

一、实用写作技巧

为了帮助大家快速高效备考作文，接下来，我给同学们推荐几个实用写作技巧。

1."关键词"简化，"材料"现中心

作文考试第一步是要认真审题，如何审题？最简单、最直接的方法就是抓住题目或材料中的关键词，提炼考题中心。比如，"做了一回最好的我"这

个题目，中心词就是"一""最好""我"三个词；再比如，2020年材料作文的材料"你浑身都是青春的火花，青春的鲜艳，青春的生命、才华……眼看自己一天天地长大成熟，进步，了解的东西一天天的加多，精神领域一天天的加阔，胸襟一天天的宽大，感情一天天的丰满深刻；这不是人生最美满的幸福是什么！这不是最隽永最迷人的诗歌是什么！（选自《傅雷家书》）"中心词就是"青春""长大成熟、进步""幸福"，一旦提炼出关键词，材料的重点即作文的中心就一目了然了。

2. 用思维导图，拓写作思路

从2018年，我就开始探究运用思维导图高效学习语文的方法。2020年开始，我在写作方面也进行了诸多的实践。结果表明，运用思维导图选材立意，进行发散性创造思维活动，确实能拓宽写作思路。

方法很简单；先根据题目或者材料确定作文的关键词，然后以这个词为中心，1~2分钟内写6~8个与其相关的词语。比如，以"渴望"为中心词，就会想到"自由、成功、幸福、长大、被理解、被肯定……"与其相关联的词汇。

需要大家注意的是，因为人的思维受定势的影响，越是最早想到的，越容易出现多人重复的现象，也就越容易出现类同文，所以考试中应尽量避免选择前三个想到的词汇。

3. 立意要健康，充满正能量

立意不仅要求正确、健康，还要积极、深刻，充满正能量。"正能量"指的是一种健康乐观、积极向上的动力和情感。

如何才能做到"正能量立意"？方法很简单；一是，要分清敌友，二是，要分清褒贬。这部分的详细内容我在《正能量立意暖人心》中讲过，在此不再赘述。

4. 抑扬、对比等，精准巧构思

作文想要出彩，写作手法的运用也非常重要。运用什么手法，这需要在构思时就要考虑好，做好全盘规划。学生写作文最常用的手法是欲扬先抑和对比，设置悬念、卒章显志、渲染铺垫、衬托烘托等，这些方法如果会用，就会为文章添彩，叙事要简洁，表意要清晰，情节要避免平铺直叙，切忌像记流水账一般淡而无味；叙事忌重复啰唆，忌用"假如""请你听听我的故事吧"等语句。

5. 头尾点扣题，一线穿全文

作文要注意点题，一般来说，一篇作文要至少点题三—四次。文章结尾除了要注意扣题、画龙点睛外，更应多写一些哲理性、意味深长突出主题的句子。为了突出中心，最好给自己的文章找一条物线或情感性，一线贯穿全文，就不会让你的文章偏离中心，文章中心就会明确突出了。

6. 语言有文采，描写显特征

作文语言最基本的要求是准确、规范、简练，但仅仅做到这三点，文章是不可能得高分的，想要得高分，最关键的是要有文采。

如何才能让语言有文采？那就需要进行细致的描写。景物描写可以渲染气氛，烘托人物性格；人物的语言、动作、心理、神态、外貌等描写，可以使人物形象栩栩如生，性格特征明显。

为了使描写细致，语言生动形象，我们要善用比喻、排比、引用等修辞手法；要锤炼词语，用词贴切；要发挥想象；要文白夹杂，语言幽默；语句中适当加一些新词语、成语，或古诗句，增加语言的力度和靓度；过渡语句不能用"又一次""有一次""记得有一次""记得有一天"等简单的语句，可用简短的合乎意境的环境描写过渡，也可以用承上启下议论的语句过渡……

总之，我们要把画面中的人或事物用具体的语言描绘出来，让其具有立体感，从而增加语言的表现力。

7. 推敲加锤炼，修改助升格

鲁迅先生说："好文章不是写出来的，而是改出来的。"一篇文章，要经过反复思考与推敲，反复雕琢与锤炼，才能趋于完美。

所以，写不好不要紧，重要的是写完后认真修改，从立意是否积极健康、中心是否突出、选材是否千篇一律、描写是否细致精彩、用词是否精炼准确等方面，仔细修改，让你的文章更完美。当然，咱同学也可以找找以前的作文，尤其是老师夸过的不错的作文，拿来再修改升格，提高写作水平的同时，也可以直接作为中考作文的素材。

比如，下面这段文章："正好后面有一个从来没用过的小型垃圾场，虽然没用过，但里面有不少的泥和一些虫子的尸体都堆积在一起，还时不时地散发着一股恶臭。在他打扫完后垃圾场简直变成了新盖的房子，一点泥水都没有，恶臭也没有了。"将之改成："临时值班卡点后面有一个闲置好多年的小型垃圾场，垃圾场里有两间露着天的小屋。屋里、屋外都有不少的泥，和一些虫子的尸体堆积在一起，时不时地散发着一股恶臭。代书记看了一会儿，琢磨了一下，然后就拿来工具打扫起来。垃圾扫到一起，再一车一车清理出去，垃圾场立马变得干净多了：蛛网没有了，泥水没有了，恶臭也没有了，破破烂烂的地方焕然一新。"改后更直观形象，更有画面感了。

二、高效备考

咱们来谈谈如何在短期内高效备考作文的问题。

说实话，写作水平的提高不是一朝一夕的事，但是如果能好好利用这剩下的4周认真备考，作文分数提高5至8分应该没有问题。针对不同层次的同学，我的建议如下。

1. 积累素材

剩下的这4周，每周写一篇或改一篇作文，从生活情趣、学习乐趣、社会担当三个不同的方面，准备三到五篇作文素材。注意选作文时一定要保证"结合你的生活经历和感悟"，达到"写出真切体验与独特感受"的要求，并且要避免选材普通、千篇一律，一定要视角新颖独特、选材与众不同。

对于后30%的同学或者写作吃力的同学，能拿到二三类作文的分数也是个不错的选择，所以自己要是平时没有拿得出手的作文素材，最快、最有效的方法就是借鉴别人的，读几篇范文，尽量找与自己生活接近的事例、素材，这样便于记忆。为啥走这捷径呢？因为巧妇难为无米之炊，没有素材，编都不好编。

关于积累素材，我还有一点建议，那就是背五句精美的开头。好的开头是作文成功的一半，五句或五段话，背起来不是难事，但是却能在一开始就吸引老师的注意力，为自己的作文加分。

2. 审题训练

考前有针对性的审题训练是少不了的，多读近两三年全国中考作文题目或材料，训练自己抓关键词的能力，也能提高自己快速、准确审题的能力。建议每天晚上看两三个作文考题，然后进行审题训练，找出材料中的关键词，拿不准的可以与老师或同学交流讨论。

3. 多角度训练

多角度立意训练也是一个快速高效备考的巧妙方法，同学们可以将准备好的一个素材多角度立意，结合不同的写作要求进行适当改动，这样就可以做到一材多用，省时高效。比如，"妈妈照顾生病的你"这个事例，既适用于表现母爱伟大的主题，又适用于表达亲情让你幸福的主题；既可以写母亲的付出让你感动，使你越来越懂事，从而懂得了感恩；又可以写母亲的付出让你感受到了为人父母的责任心，影响着、教育着你做一个有责任心的人，从而好好学习，等等。

以上是我多年作文教学经验的总结，如果能对大家有点帮助，就不枉张老师的一片苦心和我的一片真心。再次谢谢张老师的指导，谢谢老师们的支持和鼓励！衷心祝愿莱西语文中考在张老师的带领下、在我们师生共同努力下，取得优异成绩！

作文教学有据可依

——由考场作文争议谈作文教学

谈艳

考场作文的批阅基本分为五类，每类一个分数档次，分别有其要求和规范。阅卷老师的打分就是指向标，直指学生备考作文的主方向，在这个过程中，争议是难免的。在一次考场作文研讨活动中，教师们就对一篇作文产生了巨大的分歧。作文命题为《美在＿＿＿＿＿＿》，要求是：根据自己的理解，先将题目补充完整，写一篇600字左右的记叙文。力求写出真切体验和独特感受。文中不得出现真实的校名与人名。

在作文阅卷研讨会上，一篇作文的评分引发了老师们很大的争议。有的认为跑题了，不是记叙文，主题不鲜明，语言基本通顺，所以只能给20分，有的老师则认为其有意识流的个性，尽管不符合作文要求，但应该鼓励学生写作的热情和积极性，给了32分。双方看似都有理，却导致很多阅卷老师一头雾水，不知如何给分，更对以后指导学生作文的方向与标准产生了怀疑。其实，这就是平日作文教学中"我觉得"和"应该是"之间的差别。而一旦说"我觉得"，有没有充分的理由，就容易把学生带偏，作文教学和学生实践有失标准。

那么，学生创作的积极性就要被打压吗？当然不是，我们应思考的是怎样鼓励学生的写作更具积极性。在平时的练笔、日记中，可以鼓励学生自由写作，写出自己的真情实感。而考场作文就是靠平时大量练笔，积累写作的经验，提高写作能力，最终才能在关键时刻呈现出更高层次的写作水准。应对考场作文，学生的角色更像一个"全才厨师"，客人点什么，你做什么，这才是应对考场作文的最高境界。那如何把学生培养成"全才厨师"呢？拿到一个作文要求，教师要教会学生从四个方面入手：由审题入手、选好素材、厘清结构、详略得当。

一、直白型题目

直白型题目没有陷阱，可以根据题目要求，选择合适的材料，来表现主题。这类作文往往难度不大，但正由于其难度不大，大家都会，因此在选择事例上容易出问题。许多同学所用事例雷同、毫无新意，特别是一些常见的事例，既没有新意也没有深度。2014年青岛市语文中考作文题目是《我不为那件事后悔》，关键词是"我""那件事""不后悔"，这一看就是做了一件好事，但对自己造成了一些不良后果，但因为某些意义内心并不感到后悔，所以学生都有话说。

分析透彻作文题目后，就要厘清结构。那件事是不后悔的引子，主要是通过叙事，写出不后悔的原因和收获，所以这件事要略写，只需将来龙去脉讲清楚，占到文章三分之一左右的篇幅即可。不后悔是它对你产生的影响，让你明白了道理，有了收获，所以这一部分，也要占到文章的三分之一左右，再加上文章的开头和结尾基本上就是一篇完整的作文了。

厘清了结构后，就要挑选事例了。生活中这样的例子比较多，但要想在这种作文中取胜，选材很关键。很多同学用了这种事例：那年在体育中考中没有作弊，虽然分不高，但不后悔；老人摔倒了，我扶起来被讹了，后来解决了不后悔；坐公交车，看到有同学崴脚了，送去医院，错过了音乐考级，但不后悔。来回就那么几个事例，既不真实也没有新意，更别说高度，使阅卷老师产生审美疲劳。有极少数的同学写到假期到贫困地区做志愿者，虽然累，但收获了友谊、增长了心智，让自己明白了这个年龄该有的社会责任和自己的人生追求。这种作文既写了生活经历，又明白了道理，还让自己有了更高的社会责任，这正是中学生应该有的人生追求，可以让自己的作文在考场作文中脱颖而出；还有同学写道，在外国旅游时，看到外国人的高素质以及中国同胞的劣迹，理解了以前外国人对中国人误解的原因，并为在潜意识中做的违反规则的事向别人道歉，虽然有损颜面，但觉得不后悔，因为这更让自己看到了问题和差距，也开始反思问题出在哪里，应如何去改正并为社会做贡献。这种自揭家丑型作文，丑陋是暂时的，而背后的思考和进步是深刻的，对今后人生的影响是深远的，这才是中学写作教学的目的。

当然，一篇好作文离不开细节描写，文章详略要得当，如做志愿者的素材中，要注意采用对比的写法，活动前后对于困难的预想和现实的对比，做事情时的艰难和成功后的喜悦，心理变化要详写。适当的写作手法使文章真实生动，有详有略，符合一篇好作文的标准。

二、小陷阱题目

这种题目粗看似很简单，没有陷阱，是那种可以直接下笔的作文。但如果没抓到其中的关键词就下笔，写作过程中发现问题再改就来不及了。还有的考生，即便写得有问题也没有意识到，还自我感觉不错，其实被命题迷惑了。所以这类作文潜在的风险很大，如《原来美就在身边》，此题粗看是写美的人、事、物、景，它一直存在，只是没有注意到，我们无意之间发现原来它很美。如果审到这个程度，那就忽视了一个问题——"美"，这个"美"是一直存在，可能这些美离你的生活较远或它不是生活中的主要内容，是无意之间发现的，让人感动、有所感悟，所以题目应该审到这个程度。设计结构时要写清发现的这件事的意外感，运用细节描写，写清让人意外的原因，这部分大约要占到文章的二分之一。针对此再写出自己的感悟和收获，大约占到文章的四分之一，再加上文章的开头和结尾，一篇文章的结构就初具雏形了。

选取事例时要注意，有的同学写看到传达室的大爷在干好自己工作之余，还帮小区居民收快递；下雨天，下水道堵了还帮忙疏通；等等。大爷虽然在年龄较大、收入较低、社会地位不高的情况下，却能尽力地干好分内的事，并尽其所能帮助别人，发现了大爷的内在品质。这个选材是正确的。有同学写爸爸（妈妈）督促自己努力学习，但自己发脾气，后来意识到是自己的问题，觉得爸爸（妈妈）很不容易，发现原来爱就在身边。这个设计看似合理，但细细研究就会发现，爸爸（妈妈）一直就爱你，而你却一直视而不见，把别人的付出当成应该，稍有不满意就发脾气，后来认识到是自己的问题，才明白爸爸（妈妈）的爱，其实这个爱，应该从懂事起就明白，而你长这么大才意识到，本身就是自己的思想问题，所以这个选材是不合理的。与之相比，另一类写法就有明显优势。有的同学写平日爸爸（妈妈）对自己好像不大用心，上学时让自己收拾书包、自己坐公交车回家、自己检查作业等，好像一点也不关心自己，觉得这样的爸爸（妈妈）不用心，不如别人家的好。但当爷爷、奶奶（姥姥、姥爷）生病的时候，他们却在医院里衣不解带地照顾、帮忙擦身时，"我"看到他们小心翼翼，生怕弄疼了爷爷、奶奶（姥姥、姥爷），"我"从父母满眼的焦急和不安中读出了爱。再回想爸爸（妈妈）对自己的教育，发现自己独立学习、生活的能力越来强，综合素质越来越高，这才明白那是为了培养自己独立成长的一种教育方式，是另一种爱。这种选材和写法就十分新颖。所以一定要认真斟酌，选取为中心服务的事例。在结构安排和详略写法上，父母照顾爷爷奶奶（姥姥姥爷）时的焦急和擦身时的动作、神态要详写，在这些看似不经意间的小事中体会到他们的爱，进而理解到言传身教的作用，使文章首尾照应。

三、问题较多的题目

这类题目审题时要注意审清关键词，先确定是成长类、感恩类，还是其他类别，再确定细节问题，如《越长大，越_____》，首先确定这是成长类作文，强调的是一个心智成长的过程。这个心智的成长是因为某一件事，让作者认识到自己的责任和担当，有了超出自己年龄的责任感。可以参考学过的课文《爸爸的花儿落了》。

要求：①先把题目补充完整，然后作文；②除诗歌外，文体不限；③字迹工整，书写规范，不少于600字；④文中不要出现真实的姓名、校名。

从要求来看，没有大的限制。所以有的同学就写到自己学自行车从不会、想放弃到坚持到底，这就是越长大越坚强。这个事例粗看似乎能过关，但从题目分析来看，要求写一段时间的成长，学骑自行车只是一天或几天里的事情，这就不合题了。况且，一名初中生按正常身体条件应该都会骑自行车，你不会说明你在该学的时候没有完成，这不是心智的成长也不是技能的增加，所以这种选材不适合考场作文。再如，有同学写遇到不会的题，经过一段时间的思考解决了，这也不符合选材要求。因为这是学生应该具备的、最基本的学习能力，经过认真思考解决问题是应该的，无法挖掘出更多深意，所以这类事例也得不了高分。有同学写学习攀岩，最初害怕想放弃，后来在教练的引导下，在技术和心理上克服了困难，而且意识到不只是攀岩需要技术和心理上的成长，其他事情也需要，明白了在任何时候都不能退缩，最后成功的不仅仅是攀岩成功，更是心智的成长。这才符合"越长大，越……"的深意。再看《爸爸的花儿落了》，小英子从最初培养自己独立汇钱等能力到告诉她以后要照顾好家人，再到听说爸爸去世后感觉自己突然成熟了，这就是一个人生阶段的成长，所以这个题目和《爸爸的花儿落了》有异曲同工之妙。可以此为例让学生更直观地提升审题选材能力。

四、大题目、小呈现

还有一些题目，一看离生活很远，无从下手，不知道如何呈现，这时候就要认真审题，以离我们学习生活近的那些事例为突破口，采用以小见大的写法，就会收到意想不到的效果。例如，今年大火的作文题目：《我和我的祖国》，要求：①通过自己的经历写祖国70年的巨变；②除诗歌外，文体不限；③字迹工整，书写规范，不少于600字；④文中不要出现真实的姓名、校名。我们都是普通人，而"祖国"是个大词，如何将两者紧密结合起来，就要从自己身边的小事看祖国的变化。有的同学写自己家里从旧房子搬到新房子、妈妈的工作单位有先进的污水处理设备等看到祖国变得越来越强大；还有的同学写假期坐飞机跟随爸爸外出旅游，写家里经济条件的变化，景区设施的完善、住宿条件优越等。有的同学从观看庆祝中华人民共和国成立70周年阅兵式的宏大场面和群众游行时五颜六色、各式各样的服装入手，听家里的老人讲起以前的艰苦，感受到祖国的变化，这些都是通过生活中可观可感的事例来了解祖国的变化，都采用以小见大的写法，符合作文的要求，也能引发读者的共鸣。与之相比，而有的同学只是写从网上看到的口号性的句子，这一看就没有审清题目，"通过自己的经历写祖国70年的巨变"。这些是军人的口号，离中学生较远，所以作文既要有高度又要符合自己的身份。

在教学中，教什么比怎么教更重要。将之运用到写作中同样具有指导意义："写什么比怎么写更重要。"作文教学，尤其是考场作文的指导教学，标准和方向必须明确，给学生以切实有效的指导，避免如开篇所提到的争议。将学生"神厨"潜质激发出来，我们要引导学生在审清题意的基础上，有针对性地选取素材，有计划、有策略地厘清结构，有方法、有详略地突出内容。如此，方能化无形为有形，变无力为有力。当学生不再畏惧考场作文，而是带着自我展示、自我成长的态度去面对时，就是我们教师作文教学成功的一大步。

四步作文教学：让每个孩子能写、会写、写好

王永生

作文教学，是教学的重点亦是难点，良好的写作能力是学生核心素养的重要内容，《义务教育语文课程标准（2022年版）》对第四学段（7～9年级）的写作提出了如下要求。

（1）写作要有真情实感，表达自己对自然、社会、人生的感受、体验和思考，力求有创意。

（2）写作时考虑不同的目的和对象。根据表达的需要，围绕表达中心，选择恰当的表达方式。合理安排内容的先后和详略，条理清楚地表达自己的意思。运用联想和想象，丰富表达的内容。正确使用常用的标点符号。

（3）写记叙性文章，表达意图明确，内容具体充实；写简单的说明性文章，做到明白清楚；写简单的议论性文章，做到观点明确，有理有据；能根据生活需要，写常见应用文。

（4）能从文章中提取主要信息，进行缩写；能根据文章的基本内容和自己的合理想象，进行扩写；能变换文章的文体或表达方式等，进行改写。尝试诗歌、小小说的写作。

（5）注重写作过程中搜集素材、构思立意、列纲起草、修改加工等环节，提高独立写作的能力。根据表达的需要，借助语感和语文常识修改自己的作文，做到文从字顺。能与他人交流写作心得，互相评改作文，以分享感受，沟

通见解。

我根据自己多年的作文教学实际，依据课标，结合学情，创立"四步作文教学法"：第一步，审立选列明方向；第二步，选批互批现问题；第三步，修改升格再进档；第四步，展示反思促提升。经过这四步训练，绝大部分同学的作文都会有一个较显著的提高，让作文源于真实故事，让作文训练趣味盎然。

（一）"审"即审题

审准题是写好作文的第一要务，也是最为关键的一步。那么，看到一则作文题，我们应该指导学生审什么呢？

1. 读懂题目字面意，读出题目言外意

我们应该引导学生找出题目中的关键词，并仔细琢磨这些关键词。所谓的关键词即指中心词、修饰词、副词。比如，时间词，"美丽的瞬间"（"瞬间"提示我们所写的是很短的时间。）；地点词，"校园的风景"（"校园"限制地点，提示我们不能写校园以外的风景）；数量词，"那一幕让我难忘"（"那一幕"限制数量，提示我们只能写一个场景）

另外，也要注意"副词不副""虚词不虚"。"最""也""还""其实""原来""更""又"等副词出现在题目中，不是可有可无的点缀，而是体现着命题者的命题意图，必须加以重视。像作文《原来我从未被忽略》中的"原来"，说明之前觉得自己被忽略，后来发现自己一直被关注着或被关爱着。"原来"一词包含着一个误会的设计，行文必须交代清楚。《也是一堂语文课》中的"也"字提示我们可以写非常态的语文课，如读一本书，假期里一次外出旅游，过年时一次走亲访友的经历……只要是与语文有关的一次经历就可以写。2018年青岛中考作文题目《这也是一种荣誉》，有不少同学审题时忽视了"也"字，导致作文写偏走题。

2. 读懂提示语

有些作文题会给出一段提示语，这段提示语不是可有可无的，它既可以给我们一些写作的提示启发，也可能蕴含着写作的限制条件。我们要抓住关键句，明确选材的范围、限制条件，梳理出最佳的写作角度，把握要表现的主旨。

例如，2016甘肃中考作文题目：未来的精彩永远生长在不断努力的枝干上。前方，究竟是贫瘠的荒漠，还是葱郁的原野，取决于每一个阶段的努力。

有的人下定决心，不在吃苦的年纪选择安逸；有的人做好打算，在书香中找寻更好的自己……

请以"我在_____中成长"为题，写一篇作文。

要求：①不少于600字。②除诗歌外，文体不限。

写这篇文章，就必须抓住提示语中的"努力"一词，在补足题目的时候，就要慎重，如果随意填写，就极其容易偏题。比如，填写了"母爱"一词，主题就容易去歌颂"母爱"，而体现不出个人的"努力"。填写"诗歌"一词，则可以很好地写出自己读书时付出的努力，符合作文提示。

3. 明确写作要求

要求有很多，如文体、字数、学生信息等。

（二）"立"即立意

立意的方法主要有以下几种。

1. 紧扣关键词句立意

例如，2018年济南市语文学考作文题：斗转星移，万象更新，时间从未止步；殷殷期待，谆谆教诲，爱从未止步；文化积淀，红色血脉，传承从未止步；乘风破浪，披荆斩棘，奋斗从未止步……

请以"从未止步"为题目，写一篇文章。

我们紧紧扣住"从未""止步"，可以从这几个方面立意：从横向的自然和纵向的时间角度谈变化和启迪；从现实生活出发，以师长、亲朋为切入点谈对情感的体验和理解；从文化角度谈传承和融合；从个人经历谈蜕变和成长；等等。

2. 添加要素，发散思维

如果是短题，就要通过增补一些附加成分，让原来的作文题结构更完整，内容更具体，题意更鲜明。

例如，《笑声》这个题目，如果不想办法缩小范围或具体化，还真难下笔。如果我们在题目前添加上"爸爸的"一词，写作范围就明朗化了，主旨也容易确立。

3. 引申题意，挖掘深意

"路""脚印""春风""答卷""风景"等题目都隐含着另一层意思：

"路"不仅仅指脚下的道路，更应该指"成长的历程"；"脚印"不仅仅指地上的脚印，更应该指"人生的足迹"，"春风"不仅仅指吹面不寒的杨柳风，更应该指"轻言细语的教诲"。"答卷"我们不能只想到考试时的答卷，还要想到生活中的"答卷"，对某次艰苦经历所完成的答卷，在严峻考验面前所做出的表现，在诱惑面前所提交的答卷，等等。"风景"不仅可以指自然的，而且可以指人文的。可见，找到"虚题"的另一半，就找到了思维的天空，立意因而就会变得清晰。

4. 反弹琵琶，力求创新

有些作文题看起来很熟悉，但正由于太熟悉、太容易写，才会掉以轻心，才会导致平庸和雷同。对熟悉的题目要抛开常规思维套路，独辟蹊径，做到"人无我有，人有我新"，这样的文章才能给人以耳目一新的感受。

例如，请以"珍惜"为题写一篇作文，可以写你的经历、体验、感受、看法和信念……要求：立意自定，文体自选，不少于600字。

顺向立意，可以写珍惜友谊；珍惜生活；珍惜事业；珍惜时间；珍惜青春；珍惜文化遗产……

逆向立意：珍惜失败、珍惜挫折、珍惜磨难……逆向立意，反弹琵琶，容易写出有新意的作文，让人耳目一新。

（三）"选"即选材

如果说文章的中心是灵魂，结构是骨架的话，那材料就是文章的血肉。选材是为了更好地表达文章的中心。选材得当，意味着作文有了好的内容。本人认为选材要注意三点：选材熟悉最重要，材料真实才可靠；事例典型有意义，感情真挚得分高；围绕中心选材料，新颖有趣为最好。

1. 材料要以真实为基础，写自己熟悉的

作文要写得真挚动人，材料就要真实可信，不可随意编造，脱离实际。当然，作文的材料真实，并不是指材料的原始再现，而是指材料经过提炼，比现实生活更加鲜明、更加强烈、更加集中。因此，要选取自己经历过的印象深刻的事情，才容易下手去写。有的学生为了让作文立意有特点，就去编造自己根本没有经历过的事情，自己还满心欢喜，事实上，有经验的老师一眼便可以看出来，这是编出来的，这样的文章没有真情实感，自然不能得到老师的青睐。

2. 选材要典型，有意义

典型、有代表性的材料，能以一当十，以个别反映一般，能深刻地全面地反映事物的本质。

材料思想健康才能给人奋发向上的力量。例如，写《假如我得到一只宝葫芦》，有的同学写：我让它替我做作业，答试题；给我最好的食物；洪灾发生之后，上面运来了许多救灾物资，放在政府的大院里，夜晚有些人去偷，因为认为是公共财物，不拿白不拿，自己也去偷却没有偷到，因此想要宝葫芦替自己偷到……从以上的材料中可以看出学生的思想觉悟不高，不具有积极意义。这里的"意义"指的是你选取的材料的内涵及你想要表达的主题，并非材料的大小，不是说塑造一个很高大的人，或写一件很伟大的事才叫有意义。事实上，我们都是普通人，我们的生活也很平凡，身边很多普通甚至微不足道的小事也可以表现出人物的品质，如一位同学在写我敬佩的一个人时，选取的人物是一位老爷爷，表现其品格的，虽然只是很小的一件事儿——冬泳，但是这个切入点很好，并且材料很有意义。

3. 选材要围绕中心，材料要新颖

选材务必围绕中心，这一点做到比较容易。但很多同学选材平淡，材料老套没有新意，这是常见问题，如写成功就是终于获奖了；写苦难后的芬芳，就是成绩由坏变好了；难忘的一件事就是一次获奖的经历，歌颂老师就是带病上课，夸奖同学互帮互助，就是上医院帮他补课……题材陈旧，拾人牙慧，常常会给人以一种似曾相识的感觉，没有新意，分数自然不高。因此，别人用过的材料尽量不要用，选材要避免第一思维，自己要选取新的材料，或者能写出新意的材料，避免重复雷同。比如，写《良师》这篇文章，比较老套的思维就是写老师在教学上认真、在生活上关心同学。新的思路则可以写黑板心甘情愿地把自己染成一身黑色，为的是能清楚地衬托出粉笔的白；还可以写扫帚，同污秽肮脏的事物势不两立，必欲除之而后快，而当人们在赞美优美清洁的环境时，在议论该给谁一个荣誉称号时，它却躲在不为人注意的墙角。这些事物型的"良师"，同样很有内涵，给人以教育和启发。

（四）"列"即列提纲

在以上审题立意选材的基础上，在草稿纸上列出提纲。列提纲能帮助我们把作文的结构理出来，写作文时围绕提纲写作，不易跑题，也不会忘记材料。列提纲时要把标题和开头好好设计一下，中间段落明确写什么内容，事件是单事件还是多事件，叙事的先后怎样安排，情节怎样展开，哪些内容详写，哪些略写，采用什么手法，等等。

1. 选批互批现问题

学生对老师给其作文写的批语，往往只是浏览一下，不做深入思考。这就会导致老师辛苦批改的效果大打折扣。我在作文批改上采取选批和互批的方式，既提高了学生写作文的兴趣，又减轻了老师批阅的压力，还收到了更好的效果。

我的做法分三步：首先，学生根据要求完成作文后，老师依据学生写作水平，把学生作文分为四个等次，每次作文训练，老师在每个等次中抽取四篇详批，基本就能发现本次作文训练的优点与问题。其他的作文迅速浏览即可，这样就把握了本次作文训练的整体情况。

其次，指导学生根据作文要求及评分量表互批剩余作文，推荐优秀作文。

最后，教师了解学生的互评情况，汇总本次作文练习中存在优点和问题，进行讲评，品鉴优秀作文。

2. 修改升格再进档

修改升格作文既是完成作文教学非常重要的"工序"，也是提高学生作文水平的重要举措。修改升格作文，有时要比盲目地多写几篇作文收益更大。多写并能注重修改，才能"悟"出写作之道，写作水平才能尽快提高。

我给学生提供的修改升格作文策略是"修改三四五"。"三"即三条修改路径：一是学生自我修改。学生依据批改点出问题，找出评分标准，进行修改升格。二是教师示范修改。对学生作文中共性的问题，学生囿于能力，修改不到位时，教师要做好示范，要先修改，给学生提供范本，学生再修改。三是师生共同修改。教师将典型的学生作文投影或打印出来，全班同学共同加以修改升格。

"四"即"四看"：一看作文的立意，立意是否切题明确、是否有新意；二看作文的选材，是否围绕中心，是否符合生活实际，是否具有典型性；三看作文的布局，结构安排是否紧凑，详略处理是否得当，重点内容是否突出，层次脉络是否清晰，过渡是否自然，开头和结尾是否照应；四看作文的文体，表达方式是否符合文章体裁的要求，比例是否适当。

"五"即"五点注意"：注意语言是否简练通顺、准确生动，注意修辞是否妥当，注意文章中间和结尾是否点题，注意细描是否恰当，注意书写标点是否规范。

修改升格具体方法：一是"删"。删掉与中心无关的内容、空洞的议论抒情、重复的内容，删掉画蛇添足的内容。二是"增"。增加能突出或深化主题的语句，内容单薄的地方增加内容，增加细节描写，增加景物描写。三是"换"。换掉陈旧、平淡的材料，调换结构不合理的地方。四是"改"。改掉不通顺的语句，改换不够生动的语句。

修改升格作文其实就是整理思想、明晰认识、提升表达的过程，同学们在写写改改的过程中，反复思考原来的构思和表达，能使他们不断提高、不断进步，真正提升作文能力，提高作文档次。同时，当学生看到自己的作文经过修改，通畅多了，更具体、更完美了，会产生一种成功的喜悦，他们对作文的兴趣也会增强。

3. 展示反思促提升

作品的展示环节不可或缺，它能准确反映学生写作水平是否提高，对持续激发学生的写作兴趣至关重要，所以不能蜻蜓点水，一带而过。

展示学生习作的过程，教师可以通过课堂交流的方式，印发优秀习作的方式；还可以鼓励学生在校报校刊、班级语文群、个人公众号、作文刊物投稿展示自己的作品。在作文交流展示中激发兴趣和创意，达到思维碰撞、互学互促、提升作文水平的目的。在展示优秀文章时，教师要善于引导学生积极学习优秀写作方法。

展示交流完毕，教师要引导学生结合自己的作文进行反思。只有知道别人的优点，看清自己的不足，才知道下一步的努力方向。每个学生对照佳作，总结自己习作的得失，进一步提升写作训练的效果，最终达到练一篇会一类的目的。

作为教师，也要学会反思。"写作教学应贴近学生实际，让学生易于动笔，乐于表达，应引导学生关注现实，热爱生活，表达真情实感。"作为语文老师，也要反思在作文教学中有没有树立大语文观，将作文生活化，引导学生走进生活、关注生活；有没有引导学生用自己的心去感受周围的世界，然后将自己的观察、感受、所得加入写作中；本次作文训练的所得和所失是什么。

只有引导学生从生活实际出发，培养学生留心关注生活的意识和针对生活事件深入思考的习惯，才能让学生学会记录自己的见闻、感受，才能切实提高学生的语文核心素养和写作关键能力。

四步作文教学，形成作文训练的闭环，让作文教学真实发生，让作文训练有序进行，让学生思维逐步深入，让训练效果渐次提升。

汲课本营养，绽仿写之花

孙孟琳

学生和家长们经常会问我，怎样才能提高写作水平？我认为学生如果能把课文吃透，定能妙笔生花。那怎样才能把文章吃透呢？仿写就是一条蹊径。

一、仿写的定义

仿写是要求学生在理解、把握范文的中心思想和写作方法的基础上，根据自己的生活经验和对事物的认识，写出在形式上与范文相似又具有个性的作文。

但仿写并不意味着照抄照搬，《红楼梦》写"大观园试才题对额"时有一个情节，为元妃（贾元春）省亲修建的大观园竣工后，众人给园中桥上亭子的匾额题名。有人主张从欧阳修《醉翁亭记》"有亭翼然"一句中，取"翼然"二字；贾政认为"此亭压水而成"，题名"还须偏于水"，主张从"泻出于两峰之间"中拈出一个"泻"字，有人即附和题为"泻玉"；贾宝玉则觉得用"沁芳"更为新雅，贾政点头默许。"沁芳"二字，点出了花木映水的佳境，不落俗套；也契合元妃省亲之事，蕴藉含蓄，思虑周全。由此可见，仿写可以是直接移用，可以是借鉴化用，可以是情景独创。但不管是哪种仿写，学生只有经过"衣带渐宽终不悔，为伊消得人憔悴"的积累后，才会有"众里寻他千百度。蓦然回首，那人却在灯火阑珊处"的独创。

二、仿写的分类及指导

仿写的分类及指导，如图1-8所示。

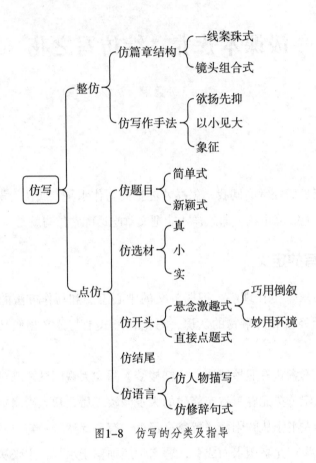

图1-8　仿写的分类及指导

（一）整仿

针对全文而言，整仿可以仿篇章结构，可以仿写作手法。

1. 仿篇章结构

写作问题：学生的文章没有逻辑，所言之事或所说之话与文章主题没有联系。

写作指导：我让学生在写作之前画一下思维导图，思维导图主要包括题目、内容和主题三部分。如图1-9所示。

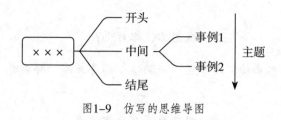

图1-9 仿写的思维导图

除此之外，我让学生学习课文中两种主要篇章结构。

① 一线穿珠式。

文章的线索分为以人物为线索、以事情为线索、以物品为线索、以地点为线索、以时间为线、以感情为线索等。例如，在《阿长与〈山海经〉》中，鲁迅先生以自己对长妈妈感情变化为线索。如图1-10所示。

图1-10 《阿长与〈山海经〉》的情感线篇章结构

② 镜头组合式。

组合式是文章各个部分是独立的个体，如《回延安》。如图1-11所示。

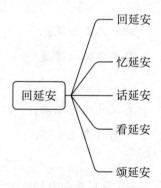

图1-11 《回延安》的镜头组合式篇章结构

在2022年，济南路中学举办了"梦回品微园"的征文活动，孩子们仿写了《回延安》的篇章结构创作的《我想你，你好吗？》获得了一等奖。

我想你，你好吗？

吕奉锦　赵子兰　臧涵臻　指导教师　孙孟琳

一

心口呀莫要这么厉害地跳，
眼泪呀莫把我眼睛挡住了。

心怀品微我不忘，
紧紧记在心头上。

微风吹来心微凉，
梦回校园心向往。

千声万声呼唤你，
品微校园在这里——

二

难忘品微园风光，
使我阵阵心荡漾。

春风吹过花坛来，
一头扑在花香怀。

一簇簇鲜花向朝阳，
一排排绿树迎春风。

翠绿跳跃林荫道，
勾住轻飘飘过往。

头顶着蓝天大明镜，
品微园映在我心中。

三

品微园内书声朗，
句句敲打我心房。

翻开书本是向往，
合上书本是希望。

课堂专注勤发言，
丰富知识脑里填。

跑操口号齐响亮，
铮铮誓言心坚强。

炽热阳光照人心，
人潮滚滚喊前进！

操场红旗高高飘，
学习万里起高潮。

四

疫情如风暴，
打湿了衣裳，
迷茫了前方。

小区门围得不透风，
脑畔里响着叮咛声。

课本习题手中笔，

师爱医爱暖心里。

校园歌声又响起，

歌唱生命新辉煌。

品微园你要坚强，

云开雾散重见光！

2. 仿写作手法

① 欲扬先抑。

课本范例，如图1-12所示。

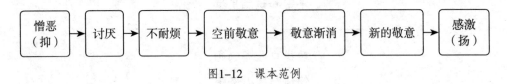

图1-12　课本范例

写作小贴士：学生在运用欲扬先抑的方法时，容易出现抑过多扬过少，针对此问题我让学生在列提纲时把抑和扬的部分标注出来。

② 以小见大。

课本范例：《散步》一文通过描写一次全家三辈四口人的散步的小事，引发了作者对"生命的感慨"，抒发了一种交织在母子、父子、祖孙三代之间浓浓的亲情，体现了中华民族尊老爱幼的传统美德。

写作小贴士：学生在使用这个方法时容易找不到小事，针对这个问题，我对学生进行了专门的选材指导（见下文）。

③ 象征。

课本范例：《白杨礼赞》的作者以白杨树象征坚韧、勤劳的北方农民，歌颂他们的朴实、坚强和力求上进的精神。《壶口瀑布》一文用壶口瀑布雄壮磅礴的气势象征中华民族艰苦奋斗、无坚不摧、无往不胜的民族精神。

写作小贴士：学生在使用象征方法时容易将所写之物和所象征的精神联系得比较生硬，出现这个问题的需要引导学生寻找二者的共同点，进而使文章更自然。

（二）点仿

点仿是针对某一点来进行仿写。点仿可以仿题目、选材、开头、结尾、语言。

1. 仿题目

写作小难题：学生在起作文题目时，容易出现题目过长或者所写题目与作文内容无关的问题。

课本范例：①简单式，直接点名写作对象或者主要时间。例如，鲁迅的《藤野先生》和胡适的《回忆我的母亲》；②新颖式，能够激发读者阅读兴趣的题目。如此，梁衡的《青山不老》和冯至的《表里的生物》。

2. 仿选材

写作小难题：学生经常会脱离自己的生活，选择一些假大空的事例，从而在大浪淘沙中，随茫茫作文海而无影无踪。

写作小提示：在进行作文选材时，我注重选取课本上真实并能引起学生共鸣的课文来讲授作文选材。例如，在《竹节人》一课作者选取的是自己儿时制作玩具、玩玩具的有趣经历，《盼》一课作者选取盼穿新雨衣的小事，《那个星期天》一课作者则选取妈妈不能带"我"出去玩的生活点滴……讲到这里学生开始对选材有了自己的理解，我就趁热打铁，让学生列举十件感动或者难忘的事。以下我选取了一部分孩子们所列之事：同学中午吃饭分给我菜、同学在我不在的时候帮我拿卷子、妈妈每天早起给我做饭、爸爸修管道弄得满身泥、同学音乐课唱歌跑调、老师表扬我……可见，经过引导，孩子的选材能力能更上一层楼了。

3. 仿开头

写作小难题：学生在写开头时容易出现开头过长或者是背一些固定的老掉牙的开头。

写作小提示：开头可以采用悬念式，悬念式可以巧用倒叙，如《那个星期天》："我还记得我的第一次盼望。那是一个星期天，从早晨到下午，一直到天色昏暗下去。"

学生范例： 黄昏，枯叶从树上飘落，天边的余晖还没有散去，云彩呈现出淡淡的胭脂色，伴随着一缕缕若有若无的晕。我和爷爷并肩坐着，看着这一幅生动的画卷，心动不如行动，我们要去捉知了啦！

——孙肖楠

4. 仿结尾

写作小难题：学生在作文结尾时容易出现没有结尾或者结尾生硬的问题。

写作小提示：可以首尾呼应，例如，《白杨礼赞》"白杨树实在是不平凡的，我赞美白杨树！……让那些看不起民众、贱视民众、顽固的倒退的人们去赞美那贵族化的楠木（那也是直挺秀颀的），去鄙视这极常见、极易生长的白杨树吧，我要高声赞美白杨树！"也可以在结尾处升华。例如《壶口瀑布》中，"黄河博大宽厚，柔中有刚；挟而不服，压而不弯；不平则呼，遇强则抗，死地必生，勇往直前。正像一个人，经了许多磨难便有了自己的个性；黄河被两岸的山，地下的石逼得忽上忽下，忽左忽右时，也就铸成了自己伟大的性格。这伟大只在冲过壶口的一刹那才闪现出来被我们看见。"

学生范例：面条，一种朴实无华的小吃，但那其中却包含了妈妈对孩子的爱，虽然不奢华、不昂贵，但这碗面就像妈妈的爱，温暖你，包容你，尊重你，感动你。在这昙花一现的时代，我依旧想和你在一起，我的妈妈，希望时光不要那么匆忙，不管明天是长是短，我想和你一起流浪，直到世界没有阳光，直到世界打烊。

——刘宜昕

5. 仿语言

写作小难题：学生写作文时无话可说。

写作小提示：这种问题究其根本还是学生缺乏观察和积累，所以在教学过程中，一方面，我注重引导学生观察生活、体验生活；另一方面，我也让学生多背、多积累课本上优美句子。在积累优美句子时我让学生单独准备一个本子，进行积累主要分三大步：用黑笔誊抄优美句子，用红笔圈画优美词语并赏析，用蓝笔进行创作（创作时尽量用到所圈画的美词美句）。

在进行仿写练习时，我采用分专题的形式进行，具体如下。

（1）仿描写

①仿动作描写。

写作小难题：学生在描绘动作时只会选用普通动词或者只用一两个动词。

课本范例：他们的吃法很文雅，一块精致的手帕托着牡蛎壳，嘴巴向前伸着，免得弄脏袍子。然后嘴很快地微微一动就把汁水吸了进去，牡蛎壳就扔到海里。

作者运用一连串动词，传神地写出了太太们吃牡蛎的过程，动作越细致，越能写出父亲心中的羡慕。

写作指导：平时多积累动词，在进行动作描写时至少使用五个动词。

学生仿写：我像一只老鹰一样注视着前方的一切，双手紧紧地贴在裤缝上，手中渐渐地有了一丝湿润了。汗珠像春天萌发的小草，一个个冲出我的脊背，它们成群结队地东跳西蹿，不一会，便形成了几股汗流儿，沾湿了我脊背上的衣服，衣服贴在我的身上，黏黏地包裹着我。一股痛痒感直冲心脾，真想休息一会儿，哪怕只是动一下，不，我要坚持！为了不让自己分心，我紧紧地用牙齿咬紧舌头。

毒辣的阳光更加嚣张了，它努力地用庞大的身躯扒开云层，向我们炫耀它的威力，尽情地直射我们。一个调皮的小汗珠脱离了大部队，独自一人像翻过"金沙江"一样的眉毛，接着又轻盈地穿过"大渡河"般的眼睫毛，高举胜利的旗帜踏入我的眼中。顿时，我像全身通了电一样不停地颤抖。不一会儿，汗珠大军又跳入我的鞋中，将袜子、鞋垫、脚心黏在了一起，像光脚踩在湿漉漉的泥巴上。如同四面楚歌一般，我眼前布满了斑斑点点，嘴不由自主地颤抖起来。

——赵江帆

紧接着我直扑向一棵树，为什么选这棵树呢？因为其他树赢弱，而这棵树高大，它挺拔地站在果园中间，树梢上缀满了红铃铛。我手一够，几颗枣尽数掉进篮中，但我的野心不止于此。我锁定了一个红彤彤的枣儿，可我几经尝试都已失败告终，只好使出我的独家秘籍。我先把篮子放在地上，双手摁住树枝，双脚一蹬，蹬在树干上，然后把身体向上撑，双手换位置，抓住了另外两根更高的树枝，向上一挺，整个身体便上去了。摘完枣后，我两腿一伸，就跳了下去，下来之后我猛然发现费了这么长时间，我只摘到了一些皮都拧在一起的"太上老君"枣，我有些气馁，哭笑不得，可其他枣却更猛烈地摇摆着，发出"嘭沙、嘭沙"的声音，像在对我说"快来摘我们吧！"听到它们的鼓舞，我仿佛又拾回了自信，又投入摘枣中了。

——赵樊宇

②仿心理描写。

写作小难题：不会运用心理描写。

课本范例：母亲买菜回来又翻箱倒柜忙开了。走吧，您不是说买菜回来就走吗？好啦好啦，没看我正忙呢吗？真奇怪，该是我有理的事啊？不是吗，我不是一直在等着，母亲不是答应过了吗？（批注：生动的心理描写让焦急的孩子跃然纸上）整个上午我就跟在母亲腿底下：去吗？去吧，走吧，怎么还不走呀？走吧……

写作指导：把要运用的语言描写变为心理描写，心理描写也能为文章增添一抹亮色。

学生范例：可就在这时，我眼前一亮，天助我也！大屏幕上的题目的前两个字正是我提纲上一道题目的开头！我不能让机会在我面前溜走，胜利怎么就不能属于我呢？于是心一横，牙一咬，右腿使劲一跺地，心中大喊："拼了！我一定能行！"双手使劲儿一发力，抢答器便在手的作用下放出了红色的光芒，我顾不上他人惊讶的目光，从我的嗓子眼中甩出了一句断断续续的话语："川…川…川剧"。说完之后便将头埋了下去，去听那被我视为命运审判的声音，一秒钟过去了，两秒钟过去了，就听一声"正确"在我的耳畔响起，如一道霹雳般击中了我，我全身都因激动而震悚起来。就这样，我看到了光明，重燃了希望，将精神全力集中在每一道考题上，将最好的自己毫无保留地展现在舞台上。最终，以我取得第四名的优异成绩结束了比赛。

——刘宇泽

③仿外貌描写。

写作小难题：学生在描绘外貌时容易出现眉毛胡子一把抓的情况，眉毛也写，眼睛也写，嘴巴也写，全写之后的结果就是文章平平，没有让人眼前一亮的点。

课本范例：他生就一副多毛的脸庞，植被多于空地，浓密的胡髭使人难以看清他的内心世界。长髯覆盖了两颊，遮住了嘴唇，遮住了皱似树皮的黝黑脸膛，一根根迎风飘动，颇有长者风度。宽约一指的眉毛像纠缠不清的树根，朝上倒竖。一绺绺灰白的鬈发像泡沫一样堆在额头上。不管从哪个角度看，你都能见到热带森林般茂密的须发。像米开朗琪罗画的摩西一样，托尔斯泰给人留下的难忘形象，来源于他那犹如卷起的滔滔白浪的大胡子。（批注：作者将对于自然环境的平常感觉运用到对人物面部的描写上，能诱发读者无穷的想象，带来奇妙的表达效果。这一比喻幽默诙谐又异常贴切，以此展开对人物的描绘让人感受到作者的神来之笔。）……突然，客人惊奇地屏住了呼吸，只见面前的小个子那对浓似灌木丛的眉毛下面，一对灰色的眼睛射出一道黑豹似的目光，虽然每个见过托尔斯泰的人都谈过这种犀利目光，但再好的图片都没法加以反映。这道目光就像一把锃亮的钢刀刺了过来，又稳又准，击中要害。令你无法动弹，无法躲避。仿佛被催眠术控制住了，你只好乖乖地忍受这种目光的探寻，任何掩饰都抵挡不住。它像枪弹穿透了伪装的甲胄，它像金刚刀切开了玻璃。在这种入木三分的审视之下，谁都没法遮遮掩掩。——对此，屠格涅夫和高尔基等上百个人都做过无可置疑的描述。（批注：作者对列夫托尔斯泰的犀利眼神描写真是让人读来难忘，仿佛托尔斯泰先生就坐在面前。）

写作指导：只选取一到两个部位进行细致入微的刻画。

学生范例：一副淡蓝色的眼镜架在鼻梁上，一脸蓬松的赘肉显得更加滑稽，微微一笑，肥肉都相互拧在一起，眼睛更是被挤得可怜，上下眼睑像一对亲兄弟一样贴在一起，紧紧的，牢牢的。这就是我的好朋友——小凯。

——赵樊宇

护士原本应是粉黛的脸上压上了沉重的口罩，口罩上的铁条在脸上印出勒痕，只露出一双双瞳剪水的明眸，卧在根根分明的眉睫下——那是一双墨色的眼睛。橙黄是黏稠的，湛蓝是冰冷的，清紫是高雅的，褐棕是朴质的，但是只有那样的黑色是透明的，不沾染一丝污浊。这仿佛内蕴秋水，含着"此去泉台招旧部，旌旗十万斩阎罗"的无畏；"苟利国家生死以，岂因祸福避趋之"

的坚定；"位卑未敢忘国"的责任。这双眼睛仿佛有一种比所有人更为独特的美，它没有好看的色彩，没有长长的睫毛，没有用眉笔描过的眉毛，却那么意味深长，那么流动不息，那么光芒四射，仿佛春草、夏花、秋叶、冬雪都融在里面，流在里面了。就是容不得束缚，容不得闭塞，挣脱了、冲破了、撞开了的那么一股不服输的劲儿，里面所蕴含的热情使清冷的月光飞灭了，就是这样的眼睛，就是这样在本该光芒四绽的岁月的人遮蔽在防护服中，只为驱散疫情，只为国泰民安。

——周子淇

（2）仿修辞和句式

写作小难题：学生在写作中运用的比喻句都很普通，如大大的眼睛像葡萄。运用的句子以长句为主，不会将长短句相结合，所以文章容易缺乏错落之美。

课本范例：……狂舞在你的面前。骤雨一样，是急促的鼓点；旋风一样，是飞扬的流苏；乱蛙一样，是蹦跳的脚步；火花一样，是闪射的瞳仁；斗虎一样，是强健的风姿。（批注：可以将喻体放在前面，把长句拆分成短句。）

容不得束缚，容不得羁绊，容不得闭塞。是挣脱了、冲破了、撞开了的那么一股劲！（批注：运用排比和一系列动词，让人读完感觉酣畅淋漓，气势磅礴！）

河水从五百米宽的河道上排排涌来，其势如千军万马，互相挤着、撞着，推推搡搡，前呼后拥，撞向石壁，排排黄浪霎时碎成堆堆白雪。

于是又有一些各自夺路而走的，乘隙而进的，折返迂回的，它们在龙槽两边的滩壁上散开来，或钻石觅缝，汩汩如泉；或淌过石板，潺潺成溪；或被夹在石间，哀哀打旋。还有那顺壁挂下的，亮晶晶的如丝如缕……而这一切都隐在湿漉漉的水雾中，罩在七色彩虹中，像一曲交响乐，一幅写意画。（批注：小小的短句，让文章具有古典美。）

写作指导：综合运用多种修辞，长短句相结合。

广阔的操场，我想你了，你好吗？记得体育课踏着坚实的跑道，挥洒汗水。一声声嘹亮的口号，一排排飒爽的身姿。明媚的阳光在跑道上翩翩起舞，交织，旋转，升腾又凝聚。伴着稳健的步伐，愈演愈烈，折射出少年人独有的光芒。这样好的天气，这样暖的阳光，这样温柔又坚定的风，你应当也是这样美吧？

——马春娟

低头细看溪水像一面古老的铜镜，清澈见底，一眼就能望到底。每当微风吹过水面，它就会荡起涟漪，在阳光的折射下，像鱼儿的片片金鳞闪着光泽。清清的溪水慢慢地流着，清澈见底，碧波盈盈；铿锵悦耳，流水潺潺；斗折蛇行，屑金碎玉；清晰如带，涓涓细流，月湖的溪流美的千姿百态！绿莹莹的宝链，是溪流；仙女身上的飘带，是溪流；飞珠碎玉，是溪流。岸边的柳树拂动着新生的柔软的枝条，倒映在河面上，河水也被染上了绿色，仿佛一河翡翠向东流去……

——李嘉斌

抬头白云缭绕，轻歌曼舞，朵朵白云，精美柔细。低头，粉红的花瓣铺出一条梦幻的道路。春天，梅花山的花开了，人们争先恐后地去赏，我也不例外。还记得几星期前去过一次，但花还未开。光秃秃的树枝上只有几个粉嫩的花骨朵，蜷缩着身体，似乎不愿见人。偶尔会看见几片树叶，他们张开双臂，小心翼翼地呵护着这含苞待放的害羞少女。这么短的时间，梅花山的花都开了，远远望去，只见一片粉红嫩绿，一片花海。花朵颜色各不相同，红的、粉的、白色……下完皮的孩子打翻了颜料，把颜色撒在了花朵上。一路看上去花朵一团团，一簇簇在树枝上挤着、撞着，推推搡搡，前呼后拥。树摇晃着身体，一阵花雨就飘落下来，瓣在空中旋转、舞跃，画出优美的曲线，犹如一只只蝴蝶，微微张开翅膀，忽然停在空中，最后安静地躺在花瓣堆上。他们开得欢畅，开得热烈，开得芬芳。细观察清晨的露珠粘在花瓣边沿，经过阳光映射，使花朵更加妩媚动人。空气中弥漫着花的清香，夹杂着青草的气息，萦绕在鼻尖，散落在每一个地方，让人神清气爽，心旷神怡。

——左梓涵

朱熹先生曾说："古人作文作诗，多是模仿前人而作之，盖学之既久，自然纯熟。"仿写的魅力也就在这一字一句地推敲琢磨之中。经过这段时间仿写的练习，学生的作文水平有了较大的提升，祝愿他们最终都能开出属于自己的写作之花！

第二章

阅读指导

新课标下初中语文课堂的阅读教学探究

张莉

《义务教育语文课程标准（2022年版）》对学生的阅读与鉴赏能力提出了更高更明确的要求，语文中考试卷中阅读容量越来越大，题型考查的灵活度也越来越高，充分体现出对学生学科素养能力的考查。然而初中生目前的语文阅读现状不容乐观，提高学生的阅读鉴赏能力依然是当前语文教学的重要任务。这就要求教师不但要讲究课堂教学方法，重视引导和指导学生进行阅读，而且要指导学生从课内阅读延伸到课外阅读，开阔视野，提高学生阅读与鉴赏文本的广度，加深其阅读理解的深度。

一、阅读教学现状

当前的语文课堂教学，普遍存在生搬硬套、照本宣科的现象。教师过度借助工具书或答案去理解文本，重视讲解自身对文本的体验，忽略了学生个体的体验，并不能真正引导学生感受文章的魅力，使阅读变得干瘪无味。更有甚者，为了让学生获得高分，往往把阅读理解的固定解法模式教给学生，以练习讲解替代阅读鉴赏，完全违背了阅读的本质，违背了新课标对语文核心素养培养的要求，不能真正提高学生的阅读能力。

初中生的课内阅读常常以"讲"代"读"，对于教材中的文本，教师在讲解上花费的时间和精力过多，引导学生阅读理解得太少，多数学生阅读鉴赏的能力和自主意识并没有形成。而课外阅读，学生看通俗作品多，读高雅文学作品少；看网络小说多，读经典名著少，对课外阅读重视不够，阅读量小，阅读品位不高。

二、提高学生的阅读能力

（一）转变教学理念

传统阅读教学，是教师借助网络和工具书，对教材加以研究之后，直接传授给学生相关知识，这种课堂是"教师讲学生听"的单一教学模式，阻断了学生与文本的直接交流，教师的讲解代替了学生的理解，学生缺乏自主阅读的认知能力。真正的语文教学，要求教师不仅要丰富学生的知识，还要提高学生的语文核心素养，培养学生健全的人格。语文阅读是一种极具个性化的行为，"一千个读者心中就有一千个哈姆雷特"。因此，我们应该转变传统的课堂教学理念，具体从以下几方面去做。

1. 突出学生的主体地位

要改变传统教学中单一的教学模式，在阅读教学中应使学生成为阅读的主体，让学生与文本产生直接联系，"让学生与文本、学生与学生、学生与教师形成多维互动，进而引导学生的自主认知"，使学生切实参与阅读，体会到鉴赏探索的乐趣，畅所欲言，从而激发学生的阅读兴趣，真正培养、提高学生的阅读能力。

2. 发挥教师的引导作用

教师应加强对学生的阅读指导、引领和点拨，但不应以教师的分析代替学生的阅读实践，不应以模式化的解读来代替学生的体验和思考；要善于通过合作学习解决阅读中的问题，但也要防止用集体讨论来代替个人阅读。

教师依据语文学科的特点，立足教材，积极发挥引导作用，指导学生自主阅读、主动探究，并与学生共同进行文本探究，引导学生参与广泛的文本阅读，加深其对文本的理解和鉴赏。学生在阅读中实践、体验中交流，获得阅读感悟，习得阅读方法，逐步提高阅读理解能力及鉴赏能力，真正体验到阅读的乐趣，而不再是为了完成问题而阅读。

"授之以鱼不如授之以渔。"教师要重视阅读教学中问题的设置，这些问题应是作为引导学生阅读，检验学生对文本阅读理解程度的依据，而不应是阅读的最终目的。只有转变传统观念，才能真正地引领学生畅游阅读海洋，提高学生的阅读能力，真正做到"授之以渔"，从根本上帮助学生打牢阅读根基。

3. 培养学生良好的阅读方法及习惯

阅读不同于其他知识的学习，每个人对文本的理解不尽相同，给出的答案也不可能千篇一律，但教师是否对学生的理解都一律认可呢？答案当然是否定的。教师必须要基于学生阅读能力的现状，在尊重学生并不成熟的认识与见解的同时，依据每个学生的理解加强阅读思考引导，让学生逐步学会阅读，从而加深其对文本的理解和体验。美学家伊瑟尔说过："文本的规定性严格制约着接受活动，以使其不至于脱离文本的意向和文本结构，而对文本意义做随意理解和解释。"而要使学生能立足于文本，正确理解文本，就应在课堂教学中逐步帮助学生掌握良好的阅读方法及养成正确的思维习惯，尤其应注重培养学生阅读的整体性及创造性，养成良好的整体阅读习惯。

（二）重视课外阅读

新课程标准下，中考语文试卷阅读量和灵活度加大，诗歌、文言文、现代文文本的阅读量，既要求学生的阅读速度，又要求阅读质量。所以广泛的课外阅读不可缺少，它使学生大量汲取课外知识，开阔视野，弥补生活阅历的不足，提高阅读理解力。同时大量而广泛的阅读也有利于提升学生的阅读速度。教师应充分重视课外阅读，在精心选好推荐书目的基础上，加强对学生的引导与指导。

1. 推荐一本好书，唤起阅读兴趣

一本好书可以影响人的一生。有时候，一本好书胜过一名好教师。它可能引导启发学生从此学会阅读，爱上阅读，能读懂一本好书将使人受益终身。然而，初中生的鉴别能力有限，且各种课外读物、各种阅读接收渠道，让人眼花缭乱，无从挑起。作为教师，应帮助学生选好书，荐好书，根据学生的知识水平和阅读能力，挑选有助于丰富学生文化知识，充实其精神世界，提高其文化品位的读物，如贴近学生生活的散文、优秀小说、优美篇章等，也可从课堂中延伸到课外的读物，如课堂中学习了《昆明的雨》，教师可以由此激发学生的阅读兴趣，课后推荐阅读赏析《雨的四季》等文。

2. 开展阅读活动，共同交流探讨

开展丰富的阅读活动，让学生的阅读成效得到教师和同学的认可，这样更有利于激发他们阅读的信心和热情；同时是教师引导学生加深对文本理解和探讨的机会，有助于培养学生在阅读中学会思考，加深理解，提升人品修养，形成正确的人生观。

（1）注重摘抄积累

学生可以以随笔本、手抄报等形式将自己读到的好书、美文，积累下来，展现出来，包含好书的简介、读书摘要、读书心得体悟、美文美句摘录等。让学生充分体会阅读乐趣之余，通过手抄报了解各类书籍内容；根据自身需要挑选读物；借助随笔本积累阅读感悟。

（2）注重读书交流

生生、师生可以广泛自由交流，也可以确定交流主题，互相推荐读物、谈读书心得或介绍优秀作品等。大家在交流中学习、成长。

3. 充分利用丰富图书资源

当前的阅读形式和途径多种多样，教师应该利用学校图书室丰富的图书资源，鼓励学生利用课余时间借阅图书；同时开设电子阅览室，让学生随时可通过网络进行阅读，拓展阅读领域。

阅读是一个涵泳的过程，阅读能力的提高不是"一朝一夕"的。那种短时间内翻看书籍、大量地做押题卷，是不可取的，并不能真正达到提高学生阅读能力的目的。只有让学生真正地参与文本阅读，在教师的引导下，养成良好的阅读习惯，广泛阅读，并持之以恒，这样才能培养学生的真正的阅读能力。

运用思维导图助力名著阅读

李爱芳

2019年5月，我有幸参加了山东省教师教育网组织的第二届"中小学思维导图与课堂教学重建实战观摩会"，聆听了专家们对思维导图的解读，观看了思维导图运用专家们的精彩课堂展示，收获颇多。

我们河头店镇南岚中学是一个乡村学校，师生对于思维导图的认识还处于初级阶段，更不用说在学科中运用了。和学校领导和语文组的教师商量后，我们决定在学校语文学科试用思维导图学习法，以期培养学生的深度思维，促进学生的深度学习，提高语文教学质量。课题组语文老师在专家的引领和指导下，立足学校实际，以"思维导图"教学法为依托、改变学生学习方式及自身教学方式为核心的研究内容，对思维导图在初中语文教学中的运用进行了深入的研究与实践，最终取得了优秀的成绩，收到了良好的效果，形成了先进实效的教育科研成果。

一、问题的提出

1. 思维导图的作用得到世界各国的重视

思维导图由于能提升思考技巧，促进灵感的产生和发散性思维的形成，能大幅增进记忆力、组织力和创造力，展现个人智力，因此在世界各国企业培训和教育方面均有推广和运用。

IBM、微软、惠普、波音公司等世界500强企业引入思维导图进行培训；澳大利亚、美国、日本等国家将思维导图应用于创意发现、项目企划等方面，大幅降低了所需时间，提高了绩效水平；哈佛大学、剑桥大学、伦敦经济学院等知名学府都使用和教授"思维导图"这一思维工具，提升学生的智力，提高其思维水平。随着网络学习的普及，思维导图的时代特征更为明显，推广思维导图已成为许多国家的教育改革策略之一。

2. 语文核心素养对新时代学习者素养要求不断提高

新课程改革的根本教学目标是"核心素养"。语文学科核心素养主要包括"语言建构与运用""思维发展与提升""审美鉴赏与创造""文化传承与理解"四个方面，初中语文教学应该围绕核心素养，整合阅读与鉴赏、表达与交流、梳理与探究，引导学生积极参与丰富多彩的语文实践活动，促进学生在四个方面的全面发展。

在当今世界，个体的学习能力已成为一项最基本的生存能力。但目前学生的学习效率普遍比较低，无法满足时代的要求。因此，培养高品质的思维是教育工作者重要的任务之一。一名学生仅凭自身狭隘的学习经验和传统的思维习惯是不行的，只有在学习过程中积极有效地进行思维训练，提高思维的广阔性、深刻性、独到性、辩证性、灵活性，培养自身的求异思维能力，才能真正成为一名聪明的、紧跟时代步伐前进的优秀学习者。

3. 用科学的用脑方法提高教育质量是全社会的共识

教育质量是立校之本，教育的主体是学生，教育质量的好坏在很大程度上取决于学生的学习效率。进入21世纪，世界各国都在研究学习效率的问题，但由于没有科学的学习方法引导，造成了学生学习效率低、被动学习的局面。在"友善用脑"教学中，思维导图是备受老师和学生喜欢的教学方法之一。思维导图是一个打开大脑潜能的强有力的图解工具，它同时运用大脑皮层的所有智能，包括词汇、图像、数字、逻辑、韵律、颜色和空间感知，帮助学生更有效地学习、更清晰地思维、更容易地记忆，科学地提高学习效率。因此，它必将成为提高教育教学质量的新的增长点。

二、思维导图简介

思维导图即是一种借助文字、线条、颜色、图片等要素形式，综合运用左右脑全脑思维，将大量烦琐的信息内容转变成形象直观的、高度组织的、便于记忆的内容，对发散性思维进行可视化呈现的思维形式。

思维导图又叫心智图，是表达发散性思维的有效图形思维工具，它运用图文并重的技巧，由一个中心出发，把各级主题的关系用相互关联与相互隶属的层级图表现出来，把主题关键词与图像、颜色等建立记忆链接，充分运用左右脑的机能，利用记忆、阅读、思维的规律，协助人们在科学与艺术、逻辑与想象之间平衡发展，从而开启人类大脑的无限潜能。

思维导图要求人们从传统的线性思维中解脱出来，按照大脑工作的机制进行放射性的"网状思维"，从而实现思维的可视化。

三、绘制思维导图的基本方法

手绘思维导图，就是利用彩笔在白纸上绘制思维导图，门槛低，较易入门，不受设备限制，随时随地就可以作图，还可以实时地把所想的绘制到白纸上，方便易学，能让学生快速掌握。

绘制工具：B4速写本或白纸、水彩笔、黑色中性笔、铅笔、橡皮等。

绘制步骤如下。

（1）一张纸叠成九宫格，从中心开始画图，周围留出足够空白。

（2）在白纸中心用图像表达你的中心思想，即是将课文中心和标题图形化置于中间。

（3）尽可能多地使用各种颜色，并且注意冷暖色调间隔，因为颜色和图像一样能让大脑兴奋，能够给思维导图增添跳跃感和生命力。

（4）将中心图像与主要分支连接起来，然后将主要分支和二级分支连接起来，再把三级分支和二级分支连接起来，依此类推。

（5）让思维导图的分支自然弯曲，不要画成一条直线。曲线和分支就像大树的枝杈一样从粗到细，更能吸引眼球。

（6）在每条线上都写上关键词。所谓关键字，就是表达核心意思的字词。关键词字数在2～6个最佳，这样清楚、易记。

四、思维导图在名著阅读教学中的具体运用

下面，我以《骆驼祥子》为例，谈谈如何引导学生利用思维导图进行深度阅读。

（一）学习目标

（1）认识思维导图，学习掌握思维导图的绘制方法。

（2）激发兴趣，培养学生用思维导图做笔记的习惯。

（3）训练学生抓关键词的能力，提高其概括分析能力，用思维导图快速牢记名著知识点。

（4）促进学生深度思维的发展，让名著阅读更深入。

（二）课前准备

（1）绘制工具：B4速写本或白纸、各色水彩中性笔、黑色中性笔、铅笔、橡皮等。

（2）读完《骆驼祥子》。

（3）《骆驼祥子》总结资料提纲。

（4）课时：两课时。

（三）教学过程

1. 思维导图我认识

同学们，老师这里有两张图，它们的名字叫——思维导图。如图2-1所示。

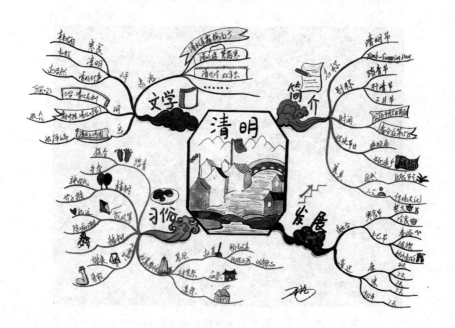

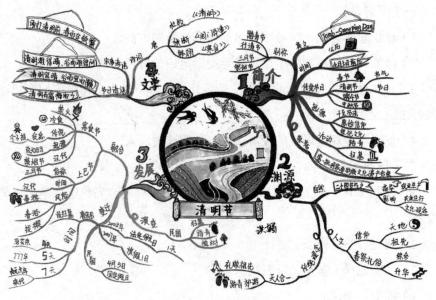

图2-1　思维导图示例

思维导图是一种记笔记的方法，它用图文并重的形式对知识加以记录，它的形状就像人类大脑的神经元。如图2-2所示。

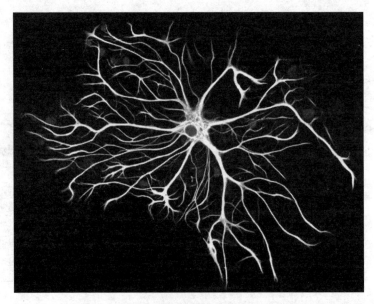

图2-2　思维导图的形状就像人类大脑的神经元

思维导图有什么优点呢？

其实三个词就可以概括思维导图的优点，即简单、有效、实用。

用思维导图做笔记，既简单又有效，还非常实用，能帮助你更有效地学习、更清晰地思维、更容易地记忆。

2. 绘制方法我清楚

思维导图具体绘制方法步骤如下。

（1）将一张纸叠成九宫格，中间一格作为思维导图的核心，将课文中心和标题图形化置于中间，写上中心主题，如《红星照耀中国》的思维导图，核心处就画一面五星红旗或者一顶红军帽，或者干脆简单画一颗五星，然后写上书名；再如《骆驼祥子》的思维导图核心可以画上一个人和一只骆驼，或者简单画一本书，然后写上书名。

注意：图案不要太大，尽量简单一点，避免浪费太多时间，周围要留出足够的空白。

（2）从中心主题出发，仿照神经元的发散形状从中心图像向外画出一级分支，然后连接一级分支延伸出二级分支，连接二级分支延伸出三级分支等，依次类推。

注意：让思维导图的分支自然弯曲，不要画成一条直线，曲线和分支就像大树的枝杈一样从粗到细，这样绘制能做到由主到次，吸引读者的注意力；尽可能多地使用各种鲜艳亮丽醒目的颜色，并且注意冷暖色调间隔，因为颜色和图像一样能让大脑兴奋，能够给思维导图增添跳跃感和生命力。

（3）在每条线上都写上关键词。所谓关键词，就是表达核心意思的词语。例如，作者简介、人物、故事情节、写作手法等。

注意：关键词字数在2~6个最佳，这样简单明了易记。

3.动手动脑我最棒

教师引导学生循序渐进绘制《骆驼祥子》的思维导图。如图2-3所示。

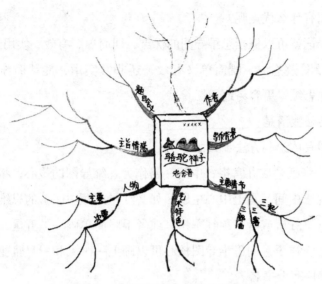

图2-3　《骆驼祥子》思维导图示例

第一步：画出思维导图的核心。

一张纸画出九宫格，中间一格作为思维导图的核心，将课文中心和标题图形化置于中间，写上中心主题。如图2-4所示。

图2-4　第一步：画出思维导图的核心

第二步：借助资料，了解作者。

我们要让学生在看正文之前，对这本书的作者有细致了解。我们可以从课本上了解，也可以从网上或者其他资料上查阅。思维导图第一级分支就标记"作者简介"，第二级分支就是作者的国别、籍贯、地位、作品等，第三级分支有的话继续往下延伸，如老舍的代表作品可以在"作品"这一分支下继续延伸出第三级分支"小说""话剧"等，"小说"下再延伸出第四级分支"长篇""中篇"，"长篇"下又延伸出第五级分支《四世同堂》《骆驼祥子》，等等。如图2-5所示。

（第一步和第二步教师讲解，直接出示，让学生模仿着做。）

图2-5 第二步：借助资料，了解作者

第三步：明确背景，概括内容。

翻阅书前面的序言或导读，了解全文的内容梗概、写作背景、艺术特色以及名人对此书的评价（书的地位）等，还有的书在后面有阅读延伸、结语等，看完前面的导读再看看后面的总结延伸，将重要内容提炼出关键词进行记录，绘制出思维导图。比如，本书导读第二段就主要介绍了"写作背景"，"写作背景"可以作为第一级分支关键词，再提炼出"军阀混战""豪绅压迫""灾害横行""农民破产进城"四个关键词作为第二级分支。如图2-6所示。

第三步让学生看书的导读第二段，学生在教师的引导下一步一步完成。

图2-6 第三步：明确背景，概括内容

第四步：了解故事情节。

读目录，了解大体内容，再细读正文，了解故事情节。

本书的主要情节是"三起三落"，连接"情节"的第二级分支是"三起""三落"，"三起"下的第三级分支是"攒钱买车""卖骆驼拉包月买车""虎妞买车"，"三落"下的第三级分支是"宪兵抢车""孙侦探诈钱""妻死卖车"。如图2-7所示。

请同学们阅读资料，互相讨论，抓住关键词绘制思维导图。

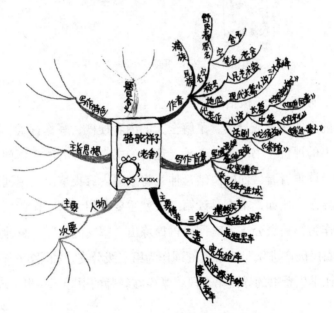

图2-7　第四步：了解故事情节

第五步：分析人物形象。

联系故事情节分析人物形象，明确人物关系。人物形象分析可以分成主要人物和次要人物，本书的主要人物有主人公祥子、他的妻子虎妞、他的恋人小福子，他们作为第一级分支，下面分别是他们各自的性格特点。

比如，祥子"刚到北平时"（第二级分支）的"健壮乐观""憨厚朴实""自尊好强""吃苦耐劳"（第三级分支），"希望破灭后"（第二级分支）的"自私麻木""穷困潦倒""好占便宜""自甘堕落"（第三级分支）；第二级分支"次要人物"下是第三级分支"刘四爷""二强子""老马""曹先生""阮明"等，他们的性格特点是第四级分支，在此不再赘述。如图2-8所示。

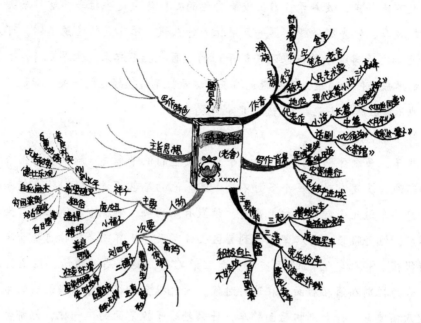

图2-8 第五步：分析人物形象

以祥子为例，祥子刚到北平时：

一个脸上身上都带出天真淘气的样子的大人。看着那高等的车夫，他计划着怎样杀进他的腰去，好更显出他的铁扇面似的胸，与直硬的背；扭头看看自己的肩，多么宽，多么威严！杀好了腰，再穿上肥腿的白裤，裤脚用鸡肠子带儿系住，露出那对"出号"的大脚！是的，他无疑的可以成为最出色的车夫；傻子似的他自己笑了。（健壮乐观）

他确乎有点像一棵树，坚壮，沉默，而又有生气。他有自己的打算，有些心眼，但不好向别人讲论。在洋车夫里，个人的委屈与困难是公众的话料，"车口儿"上，小茶馆中，大杂院里，每人报告着形容着或吵嚷着自己的事，而后这些事成为大家的财产，像民歌似的由一处传到一处。祥子是乡下人，口齿没有城里人那么灵便；设若口齿伶俐是出于天才，他天生来的不愿多说话，所以也不愿学着城里人的贫嘴恶舌。他的事他知道，不喜欢和别人讨论。（善良、老实、憨厚）

因为嘴常闲着，所以他有工夫去思想，他的眼仿佛是老看着自己的心。只要他的主意打定，他便随着心中所开开的那条路儿走；假若走不通的话，他能一两天不出一声，咬着牙，好似咬着自己的心！他决定去拉车，就拉车去了。赁了辆破车，他先练练腿。第一天没拉着什么钱。第二天的生意不错，可是躺了两天，他的脚脖子肿得像两条瓠子似的，再也抬不起来。他忍受着，不管是怎样的疼痛。他知道这是不可避免的事，这是拉车必须经过的一关。非过了这一关，他不能放胆的去跑。（坚忍、吃苦耐劳）

祥子希望破灭后：

祥子，多么体面的祥子，变成个又瘦又脏的低等车夫。脸，身体，衣服，他都不洗，头发有时候一个多月不剃一回。他的车也不讲究了，什么新车旧车的，只要车份儿小就好。拉上买卖，稍微有点甜头，他就中途倒出去。坐车的不答应，他会瞪眼，打起架来，到警区去住两天才不算回事！独自拉着车，他走得很慢，他心疼自己的汗。及至走上帮儿车，要是高兴的话，他还肯跑一气，专为把别人落在后面。在这种时候，他也很会捣坏，什么横切别的车，什么故意拐硬弯，什么别扭后面的车，什么抽冷子操前面的车一把，他都会。原先他以为拉车是拉条人命，一不小心便有摔死人的危险。现在，他故意的要坏；摔死谁也没大关系，人都该死。（麻木、潦倒、狡猾、好占便宜）

入了秋，祥子的病已不允许他再拉车，祥子的信用已丧失得赁不出车来。他作了小店的照顾主儿。夜间，有两个铜板，便可以在店中躺下。白天，他去作些只能使他喝碗粥的劳作。他不能在街上去乞讨，那么大的个子，没有人肯对他发善心。他不会在身上作些彩，去到庙会上乞钱，因为没受过传授，不晓得怎么把他身上的疮化装成动人的不幸。作贼，他也没那套本事，贼人也有团体与门路啊。只有他自己会给自己挣饭吃，没有任何别的依赖与援助。

祥子的生活多半仗着这种残存的仪式与规矩。有结婚的，他替人家打着旗伞；有出殡的，他替人家举着花圈挽联；他不喜，也不哭，他只为那十几个铜子，陪着人家游街。（穷困潦倒、麻木）

他更永远不看前后的距离停匀不停匀，左右的队列整齐不整齐，他走他的，低着头像作着个梦，又像思索着点高深的道理。那穿红衣的锣夫，与拿着绸旗的催押执事，几乎把所有的村话都向他骂去："孙子！我说你呢，骆驼！

你他妈的看齐！"他似乎还没有听见。打锣的过去给了他一锣锤，他翻了翻眼，朦胧的向四外看一下。没管打锣的说了什么，他留神的在地上找，看有没有值得拾起来的烟头儿。（自暴自弃、麻木）

请同学们阅读资料，独立思考，抓住关键词绘制思维导图。

第六步：深悟主旨思想。

结合小说的自然环境和社会环境描写，深悟文章的主旨思想，体会作者表达的情感。

读完《骆驼祥子》全文，学生了解了当时的社会背景，清楚了环境的恶劣，明白了黑暗的旧社会不让好人有活路，各种压迫硬生生把一个鲜活、上进的生命变成了社会的垃圾，从此自甘堕落，如行尸走肉般苟活于世，最终的结局就是悲惨地死去。所以，《骆驼祥子》的主旨情感就可以提炼出以下关键词："人变鬼""贫民悲惨""揭露黑暗""批判压榨""深切同情"。如图2-9所示。

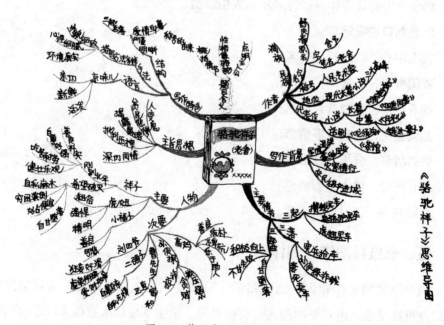

图2-9　第六步：深悟主旨思想

请同学们结合资料，独立思考，抓住关键词概括主旨情感。

第七步：补充要点，完整修绘。

绘制一篇名著的思维导图应该从作者简介、写作背景及特色、故事情节、人物形象、主旨情感等几个主要方面进行，当然，不同的书目关注点可能多条，也可能少条，如《骆驼祥子》题目的含义就是一个比较重要的知识点，可以将这个知识点加以记录。那么第一级分支就是"题目含义"，第二级分支分别是"点明主人公""性格像骆驼""概括情节"，"概括情节"下面的第三级分支就是"称号的由来"。对绘制不理想的思维导图重新修整，做到图形、内容完整、美观、协调。

总之，条目基本固定，时而灵活有变，运用思维导图阅读名著，边阅读边总结边绘制思维导图笔记，学生的思维会越发敏捷，学生对阅读理解也就会更加深入，学生的概括力、想象力、记忆力、思维力、创新力一齐发展。

4. 成果展示我最牛

将学生中的优秀作品进行展示，表扬鼓励。

5. 绘制口诀我记牢

找准中心，画图标记书名；

查阅资料，了解作者地位；

细看导读，知晓背景特色；

品读正文，梳理故事情节；

联系情节，分析人物形象；

结合环境，深悟主旨情感；

总结要点，条目灵活有变。

五、思维导图学习的作用

初中语文的文体知识、语法知识、写作技巧、文言文词篇、主旨情感等知识点更加繁杂，内容更加深入、更加难懂，学生掌握起来有很大的难度，以往课堂基本就是老师讲学生记，之后是学生背，课堂上学生互动困难，都低着头，就怕老师叫着起来回答问题；面对密密麻麻的文言文字词积累、句意理解，学生更是失去学习兴趣，甚至产生抵触心理。采用思维导图教学后，化文字为图像，化繁杂为简洁，引导学生通过图文并茂的形式来做笔记，创造出符合不同类型课堂学习内容的思维导图，提高学生对于所学知识的画面感、直观感，不仅锻炼了学生的动手能力，也充分挖掘了学生的想象力，使笔记形式多样性，抽象思维可视化，使得原本复杂的语文知识形象化，激发了学生的学习兴趣，帮助学生提高了学习效率，实现了课堂的自主高效。具体体现在以下几个方面。

1. 思维导图能提高学生的自主学习能力

思维导图能够将头脑中抽象和模糊的知识内容转换成可视化的知识体系，把复杂的知识内容通过纸笔用图画的形式呈现出来。课堂上学生只要能做到知要点、明难点，就可以根据自己的理解，结合老师所给的导图模式，按照一定的逻辑推理、归纳知识，将课文知识简化，真正做到提纲挈领。课堂上，各个层次的学生都积极地忙碌起来，每个人都有事可做，老师只需巡回引导，真正体现学生主体、老师主导，还课堂于学生的教学原则。通过实践，我们发现，课堂上运用思维导图学习，不仅可以提高学生的概括能力，而且极大地提高了学习效率。学生只要掌握了这一种学习技能，就能提高其自主学习能力。

2. 思维导图能大大提高学生的学习兴趣

在绘制思维导图过程中，学生要用上比喻、联想、想象等思维，让自己的思维不再僵化，变得灵动有趣；在提取关键词的思索中，学生的分析与概括能力会得到大大提升；在梳理课文知识时，学生会获得将复杂的课文梳理得层次井然的成就感；在交流自己作品或品鉴同学作品中，学生快乐地享受着智慧的交锋，更有发现自己比别人做得优秀的地方的自豪感，从而大大提升学习信心；在自我推荐、同学举荐、老师赏评等方式的评比中，学生享受着成功的喜悦；在考试检测中享受分数提升的幸福……这些看似不起眼的变化，却不断激发着学生的学习兴趣，让学生乐于利用思维导图进行自主学习。

3. 思维导图让学生充分体会到课堂的高效

思维导图模式让学生在绘制彩色导图中寻找以图代文，思维被全面激活，大脑处于高速运行之中，使枯燥的信息变成彩色的生动图画，记忆必然快速而深刻，课堂效率必定得到提高。

4. 思维导图能快速提高课堂教学质量

如何让学生在语文学习中学得轻松并高效学习，一直是很多语文老师孜孜不倦追求的目标，或许思维导图的运用可以指出一条可行之路。语文教师在熟练掌握思维导图使用方法的基础上，在实际的课堂教学中融入思维导图的教学理念，将知识内容通过线条连接与图形相结合的方式展示出来，可以给学生耳目一新的感觉，其简单明了的优越性必然会赢得学生的青睐，只要教师辅助学生使用思维导图进行学习，相信语文教学质量必将得到提高。

"真趣"语文之名著阅读指导思路及方法步骤

——以《水浒传》阅读指导为例

李爱芳

　　名著阅读教学一直是语文教学的重点和难点，且不说其在近几年中考中占分比重不断增加，就说新课标中所提到的"以文化人"的作用，名著阅读也有着举足轻重的作用。

　　针对"真趣"语文的教学理念，我要求老师们在进行阅读指导时主要抓以下六个环节：探析真实事、感受真意趣、品味真道理、感悟真情味、解决真问题、培养真兴趣。

　　探析真实事即明确故事情节；感受真意趣即把握作者的写作意图；品味真道理即结合背景分析故事中蕴含的做人做事的道埋；感悟真情味即读后的思考与启示；解决真问题即对读书过程中的疑难问题进行讨论、交流，直至明确；培养真兴趣即在指导阅读过程中要不断抓住学生感兴趣的东西进行拓展，让学生爱上读书。

　　下面，我以《水浒传》阅读指导为例，说说我的具体指导过程和方法。

　　《水浒传》是人教版九年级上册推荐必读名著，是中国四大古典名著之一，目前常见的是100回版本。全书内容丰富，人物众多，情节曲折，学生不易掌握。老师的阅读指导应引导学生做到以下三点。

　　（1）熟记作者及相关的文学常识，积累《水浒传》中的主要人物形象、故

125

事情节，掌握作品的主题思想。

（2）明确阅读长篇章回体小说的方法，用精读、快速读、跳读等方法阅读原著，高效阅读"整本书"。

（3）通过阅读精彩情节，体味作品的语言魅力，激发同学们阅读《水浒传》的兴趣和对中国古典文学的热爱，提高学生的文学素养，帮助学生树立正确的人生观和价值观。

在阅读指导中，我是这样做的。

一、视频激趣

通过播放大型电视连续剧《水浒传》的主题曲《好汉歌》和让学生做小游戏来热热身，考考大家的眼力与记忆力。

请学生看视频，说说视频中的镜头与哪些故事有关。

（鲁提辖拳打镇关西、鲁智深大闹五台山、景阳冈武松打虎、林教头风雪山神庙、林冲怒杀陆虞候、鲁智深大闹野猪林、武松斗杀西门庆、林冲棒打洪教头、花和尚倒拔垂杨柳、武松醉打蒋门神、一丈青单捉矮脚虎、宋江浔阳楼题反诗……）

鼓励激趣：大家的眼力与记忆力让老师都自叹不如，为刚才表现优秀的同学点赞！

同学们，老师有个问题想问你们，你们觉得看电视能代替读书吗？

语文区别于其他学科的基本特征是语文重言语形式——怎么说的？揣摩"怎么说"，学习"怎么说"，最后做到自己会说。我们看电视只能明白"说了什么"，却不明白是"怎么说"的。所以，想学好语文，读书必不可少，千万不能用看电视或玩游戏取代读书哦。

二、链接中考，明确中考名著考试题型

（一）青岛近三年中考名著试题

2021年名著阅读（7分）

8.下列对名著相关内容的表述，不正确的一项是（　　　）（3分）

A.《骆驼祥子》中虎妞难产而死是压倒祥子的最后一根稻草，此后，祥子

慢屈服于命运，成了好占便宜，麻木潦倒的行尸走肉。

B.《简·爱》中简·爱具有强烈的自尊心和反抗精神，她追求自由、平等和独立人格，被视为现代女性美的象征。

C. 艾青创作于20世纪30年代的诗歌，充满着"土地的忧郁"，多写国家民族的苦难、悲伤与反抗，如《雪落在中国的土地上》。

D. 儒勒·凡尔纳所著的《海底两万里》，讲述了尼摩船长驾驶自己设计制造的"诺第留斯号"潜水艇在大海中航行的故事。

9. 名著中塑造的许多典型人物，给读者留下了深刻的印象，产生了积极的影响。请从下面人物中任选一位，结合所选人物的经历谈谈给你的启示。（含标点符号80字以内）（4分）

（1）唐僧（《西游记》）

（2）保尔·柯察金（《钢铁是怎样炼成的》）

2020年名著阅读（6分）

9. 下列对名著内容的理解，不正确的一项是（　　）（2分）

A.《海底两万里》中，海底世界的奇幻美妙，潜水艇的强大功能，都显示了作者凡尔纳的非凡想象力。

B.法布尔所著的《昆虫记》真实地记录了昆虫的生活，表达了对生命的关爱和对自然万物的赞美之情。

C.《儒林外史》中，胡屠户看不起女婿范进，范进中举后，他又说范进是文曲星下凡，对范进毕恭毕敬。

D.《五猖会》中，父亲严厉而尽责，他能站在儿童的角度考虑问题，对孩子的兴趣爱好给予支持。

10. 阅读名著，可以从中汲取积极向上的精神力量。请从《西游记》《简·爱》中任选一个人物，按照示例完成表格。

	人物	积极向上的精神品质	名著中的相关内容
示例	保尔·柯察金	意志坚强	他不向命运屈服，带病坚持写作，克服种种困难，最终完成著作

2019年名著阅读（5分）

某位同学在阅读《骆驼祥子》的过程中做了文段批注和整本书的读书卡片，请仔细阅读，回答问题。（2分）

1. 下面是这位同学的文段批注，有误的一项（　　　　）

原文

大概的说吧，他（A）只要有一百块钱，就能弄一辆车。猛然一想，一天要是能剩一角的话，一百元就是一千天，一千天！把一千天堆到一块，他几乎算不过来这该有多么远。但是，他下了决心，一千天也好，一万天也好，他得买车！（B）第一步他应当，他想好了，去拉包车。遇上交际多，饭局多的主儿，平均一月有上十来个饭局，他就可以白落两三块的车饭钱。加上他每月再省出个块儿八角的，也许是三头五块的，一年就能剩起五六十块！（C）这样，他的希望就近便多了。他不吃烟，不喝酒，不赌钱，没有任何嗜好，没有家庭的累赘，只要他自己肯咬牙，事儿就没有个不成。（D）

批注：——人物形象分析

A. "他"刚到城里不久，对生活充满梦想。

B. 就算一千天、一万天，他也要坚持，买车的决心多么坚定！

C. 吝啬，贪婪，爱占小便宜！如此挖空心思省钱，攒钱。

D. 突出了他对未来的信心，只要肯吃苦，就能买上新车！

2. 下面是这位同学做的整本书的读书卡片，表述有误的一项是（　　　　）

读书卡片

作品：《骆驼祥子》

作者：老舍，原名舒庆春，被誉为"人民艺术家"。

主要情节：

A. 祥子经过多年积攒，买上了一辆属于自己的新车，可是不久却被匪兵连人带车劫走。

B. 祥子从匪兵处逃走，继续攒钱买车，车还没买上，钱又被孙侦探敲诈去了。

C. 祥子与虎妞结婚后，用她的私房钱买下一辆车，虎妞因难产死去，祥子又只得卖掉车子料理丧事。

D. 命运的三起三落打消了祥子买车的念头，他重新投奔刘四爷，老老实实赁车挣钱。

（二）总结中考名著考点

1. 熟记文学常识，牢记文章大意。

2. 明确故事情节，分析人物形象。

3. 领悟主题思想，获得有益启示。

4. 品味作品语言，明确艺术特色。

三、阅读方法指导

读书方法是要科学、高效的，在平时的阅读中，你有没有总结出适合自己的科学的读书方法呢？

针对《水浒传》这部长篇章回体小说，老师这里也总结了几种读书方法，具体如下。

1. 读导引，知概况（感受真意趣）

第一种方法"读导引，知概况"中的"导引"都在哪里呢？（课本阅读指导、名著书前后的简介）这两部分内容都读过了吗？结合导引内容，说说"概况"可能包括哪些方面？（作者简介、作品主题、艺术成就等）凡是涉及考点的内容，都应该用横线标记，牢固掌握。这种方法是不是都在用呢？那好，老师来考考大家，看看大家对导引里的内容掌握了多少。

📖 **检测题：**

《水浒传》的作者是施耐庵，字肇瑞，号子安，别号耐庵。元末明初（朝代）小说家。35岁曾中进士，后弃官归里，闭门著书，与门下弟子罗贯中一起研究《三国演义》《三遂平妖传》的创作，搜集并整理关于梁山泊宋江等英雄人物的故事，最终写成"四大名著"之一的《水浒传》。

《水浒传》也称《水浒》《忠义水浒传》，我国文学史上第一部歌颂农民起义全过程的长篇章回体小说。小说为"造反者"树碑立传，以北宋末年宋江起义为题材，生动地描写了以宋江为首的108位梁山好汉从起义到兴盛再到最终失败的全过程，通过林冲等英雄好汉一个个被逼上梁山的故事，揭示了官逼民反的主题思想，印证了"哪里有压迫，哪里就有反抗"的真理，还把英雄好汉们聚居的八百里水泊梁山描绘成一个"八方共域，异姓一家"的理想社会。表达了人们对平等与人人互爱的理想社会的向往。因此，美国女作家赛珍珠在将它译成英文时命名为《四海之内皆兄弟》。

本书结构独特，作者采取了先分后合的链式结构。第四十回以前先讲述单个英雄人物的故事，然后百川汇海，逐步发展到水泊梁山大聚义。第七十回以后，写他们归顺朝廷，走向失败。此书并非一人一时之作，而是在民间口头传说、艺人讲说演唱的基础上，由文人加工编撰而成，是一部反抗封建暴政的英雄传奇。

早期长篇白话小说，都是从国家政治、社会批判的角度来立意构思的，展现的是宏大的社会历史背景，很少涉及家庭生活和个人情感世界。由于受到讲史和说书的影响，早期长篇白话小说一般采取单线结构，即用一条线索把若干个故事连缀起来，顺时叙述。在情节设计上，善于设置悬念、误会，追求离奇巧合；善于在矛盾冲突中推进情节，快速转化场景，达到引人入胜的效果。在叙事角度上，一般采取全知全能的视角。

2. 看回目，理情节（探析真实事）

读回目，有没有发现此书回目的共性？回目中都告诉了我们什么内容？（人物姓名或绰号+事件）

第一回　王教头私走延安府　　九纹龙大闹史家村

第二回　史大郎夜走华阴县　　鲁提辖拳打镇关西

第三回　赵员外重修文殊院　　鲁智深大闹五台山

第四回　小霸王醉入销金帐　　花和尚大闹桃花村

第五回　九纹龙剪径赤松林　　鲁智深火烧瓦罐寺

第六回　花和尚倒拔垂杨柳　　豹子头误入白虎堂

第七回　林教头刺配沧州道　　鲁智深大闹野猪林

第八回　柴进门招天下客　　林冲棒打洪教头

第九回　林教头风雪山神庙　　陆虞候火烧草料场

……

扩写：什么时间、什么地点、什么人做了什么事，事情的起因、经过和结果怎样？如果看着回目说不上来，就需要我们用快速阅读法进行阅读。

介绍快速阅读法：

默读，不要指读、回读，尽量扩大一次性进入视野的文字数量，一瞬间扫视一个句子，甚至几行的内容，从整体上理解它的意思，迅速抓取关键词或关键语句，把握核心内容。

以第二回为例，"史大郎夜走华阴县"交代了人物、时间、地点，为什么要走华阴县？经过和结果如何？

时间：夜　　　地点：华阴县　　　人物：史大郎

起因：史进与朱武等来往被李吉告发，官府派人到府上捉拿。

经过：史进杀出重围，朱武邀请他上山入伙，他不肯。

结果：他只身一人去延安府寻找师傅王进。

"鲁提辖拳打镇关西"交代了人物是鲁提辖，事件是拳打镇关西，是什么时间？在什么地方？起因是什么？经过和结果如何？

时间：送走金氏父女两个时辰后　　　地点：郑屠肉铺

起因：与史进吃酒，听到金氏父女啼哭，询问缘由。

经过：给金氏父女钱让他们离开两个时辰后，他去肉铺找镇关西。

结果：三拳打死镇关西。

以第六回为例，"花和尚倒拔垂杨柳"。

时间：到大相国寺次日　　　地点：廨宇　　　　　人物：鲁智深

起因：鲁智深与泼皮吃酒，墙角边树上乌鸦哇哇叫。

经过：泼皮要搬梯子拆了老鸦窝。

结果：鲁智深将树拔了起来。

"豹子头误入白虎堂"

时间：买刀次日　　　　　地点：白虎节堂　　　人物：林冲

起因：高衙内看上了林冲的娘子。

经过：富安与陆谦设计，卖与林冲一把宝刀，高俅让林冲带着刀到了"白虎节堂"。

结果：林冲被抓。

3. 品细节，析形象（感受真意趣）

分析人物形象一般重点分析哪些人？（主要人物）哪些人物是这本书中的主要人物？（鲁智深、林冲、宋江、李逵、武松等）如何分析人物性格特点？（结合具体细节描写或故事情节）人物描写都有哪些方法？（语言、动作、心理、外貌、神态等）

阅读分析形象时要注意外貌特征和性格特征两个方面，我们在分析同一个人物的形象时，老师推荐大家用跳读的方法来阅读。

跳读是在阅读中，有取有舍，跳跃前进，省略次要信息而抓住读物的关键性材料的速读方法，如阅读新闻就可以用这种跳读法，甚至只看标题，就知道文章关键。

请阅读上册回目，找出写林冲的章节，用跳读的方法，概括林冲的故事，然后结合细节描写或故事情节，分析一下林冲的性格特点。

细节描写：

林冲赶到跟前，把那后生肩胛只一扳过来，喝道："调戏良人妻子，当得何罪！"恰待下拳打时，认的是本管高太尉螟蛉之子高衙内。

……

当时林冲扳将过来，却认得是本管高衙内，先自手软了。

林冲道："原来是本管高太尉的衙内，不认得荆妇，时间无礼。林冲本待要痛打那厮一顿，太尉面上须不好看。自古道：'不怕官，只怕管。'林冲不合吃着他的请受，权且让他这一次。"

林冲的性格：逆来顺受、循规蹈矩、安分守己。

总结林冲的特征：武艺高强，勇而有谋。生性耿直，爱交好汉。他循规蹈矩，安分守己，却多次遭到陷害，最初逆来顺受，后奋起反抗，最终被逼上梁山。

练习：请阅读回目，找出写武松的章节，用跳读的方法，先概括武松的故事，再结合细节描写或者故事情节，分析武松的性格特点。

武松，清河县人，排行第二，江湖上都称他"武二郎"。幼年父母双亡，由兄长武大抚养成人。景阳冈打虎后任阳谷县都头，哥哥武大郎被西门庆、潘金莲及王婆害后，武松杀了三人，投案自首，后被发配孟州牢城。在安平寨牢营，结识了金眼彪施恩。为替施恩夺回店铺，武松大闹快活林，醉打蒋门神，后被蒋门神勾结张团练陷害。在飞云浦，武松杀死公差，回鸳鸯楼杀死蒋门神、张团练及其家人。被悬赏捉拿时，母夜叉孙二娘帮他改头换面变成行者。后来武松投奔梁山泊，在梁山坐第十四位交椅，是步军第二名头领。攻打方腊时，武松被包道乙暗算失去左臂，后班师时留在六合寺照看林冲，出家为僧，八十岁圆寂。

武松性格：行侠仗义、疾恶如仇、有恩必报、有仇必复、性情刚烈、敢作敢当。

4. 巧对比，辨异同

《水浒传》中英雄好汉们在性格上有共同点，他们疾恶如仇、有勇有谋、打抱不平、行侠仗义、扶危济困……但是他们又有各自的不同点。

《水浒》所叙，叙一百八人，人有其性情，人有其气质，人有其形状，人有其声口。

——金圣叹

前面我们分析了林冲和武松的性格特征，将他们俩放在一起就很容易看出他们的异同。

林冲和武松相比，他们都武艺高强，勇而有谋、行侠仗义，但林冲循规蹈矩，安分守己，逆来顺受，逼不得已才奋起反抗；而武松却是疾恶如仇，有恩必报，有仇必复，性情刚烈，敢作敢当。

在读书的过程中，我们既要总结他们的共同点，又要分析出每个人的个性特点。

5. 据生平，明主题（品味真道理）

本书的主题是什么？（官逼民反、忠义）前面我们已经找出写林冲的章节，并概括出了他的生平经历。在他身上能否体现出本书的主题？

示例：林冲初为太尉府八十万禁军教头，因他的妻子被高俅的儿子高衙内调戏，自己又被高俅陷害，被发配沧州，在途中，幸亏有鲁智深在野猪林相救，才保住性命。被发配沧州牢城看守天王堂草料场时，又遭高俅心腹陆谦放火暗算。林冲一怒之下杀了陆谦，冒着风雪连夜投奔梁山泊，落草为寇。（官

逼民反）

白衣秀士王伦不容林冲，晁盖、吴用劫了生辰纲上山后，王伦又不容这些英雄，林冲一气之下杀了王伦，把晁盖推上了梁山泊首领之位。林冲武艺高强，打了许多胜仗。在征讨江浙一带方腊率领的起义军胜利后，林冲得了中风，被迫留在杭州六和寺养病，由武松照顾，半年后病故，追封忠武郎。（忠义）

总结指出：这五种方法是阅读长篇章回体小说常用的方法，熟练掌握这五种方法，一定会使阅读更加高效。当然也有其他的一些方法，需要同学们根据自己的阅读进行总结。

四、揭秘提醒（解决真问题）

同学们，本书的主题是"官逼民反"，但是不是108好汉全是被官府逼上梁山的？不是的，林冲、鲁智深、武松、杨志等是官逼民反型，还有关胜、雷横、秦明等是战败投降型，晁盖、吴用、李逵、史进等是自愿上山型，还有被宋江、吴用设计不得不上山的朱仝和卢俊义等。

是不是108好汉全是行侠仗义、光明磊落的英雄好汉？不是的，每一位英雄的身上都有或多或少的不足、缺陷，如宋江的心狠手辣、李逵的残忍嗜杀、武松的是非不辨等，大家在后期的阅读中要注意仔细分辨。

五、名言引路（培养真兴趣）

同学们，毛泽东曾开玩笑说："《三国演义》《水浒传》《红楼梦》，谁不看完这三部小说，谁就不算中国人。"

清朝著名文学家、文学批评家金圣叹说："不读水浒，不知天下之奇。"

培根有句名言：读书足以怡情，足以博彩，足以长才。

愿大家在名人的指引下，用科学、高效的方法提高阅读速度和质量，在中考中考个好成绩！

六、课后练习

练习1：任选一个回目，快速阅读，明确故事情节。

练习2：请阅读回目，找出写鲁智深或李逵的章节，用跳读的方法，结合细节描写和故事情节，分析其性格特点。

练习3：阅读写鲁智深和李逵的回目，分析比较他二人的异同（同学们还可以分析林冲与杨志的异同、宋江与卢俊义的异同等）。

练习4：找出写宋江的章节，用跳读的方法，理清楚宋江的生平事迹，进而明确本书的主题。

练习5：（感悟真情味）写一篇600字左右的读书心得。

附录：

练习2答案示例：

鲁智深本名鲁达，梁山泊第十三位好汉，步军头领第一名。本是渭州经略府的提辖，生性豪爽，好打抱不平。因见郑屠欺侮金翠莲父女，为救金氏父女，三拳打死屠户镇关西，后被官府追捕，逃到五台山削发为僧，改名鲁智深。鲁智深忍受不住佛门清规，醉打山门，毁坏金身，被长老派往东京相国寺，途中为救刘太公之女，大闹桃花山，因与桃花寨寨主李忠、周通不和，不愿留下落草。又在赤松林瓦罐寺惩治恶僧崔道成、恶道丘小乙。鲁智深到相国寺做职事僧，看管菜园，因将偷菜的泼皮踢进了粪池，倒拔垂杨柳，威名远播。偶遇林冲，结拜为兄弟，在野猪林救下林冲，得罪高太尉，被迫离开大相国寺，在二龙山落草。（官逼民反）

后来鲁智深投奔水泊梁山，做了步兵头领。宋江攻打方腊时，鲁智深一杖打翻了方腊。后在杭州六合寺圆寂。（忠义）

练习3答案示例：

鲁智深生平见练习2答案。

李逵，长相黝黑粗鲁，一生憨直，善使两把板斧。在梁山泊英雄中排行第二十二位，是梁山步军第五位头领。宋江被发配江州时，吴用写信让江州两院押牢节级戴宗照应。李逵这时正是戴宗手下一名做看守的小兵，因此和宋江认识。戴宗传梁山假书被识破，和宋江两人被押赴刑场杀头，李逵率先挥动一双板斧打去，逢人便杀，勇猛无比。上梁山后，他思母心切，就回沂州接老母，翻越沂岭时老母被老虎吃了，李逵仇杀了四虎。

招安时，李逵不愿受招安，大闹东京城，扯了皇帝诏书，要杀钦差，还砍倒梁山泊旗帜，要反攻到东京，为宋江夺皇帝位子，多次被宋江制止。李逵受招安后被封为镇江润州都统制。宋江饮下高俅送来的毒酒中毒后，想到自己死后李逵肯定要聚众造反，怕坏了梁山泊的忠义名声，便让李逵也喝了毒酒一起被毒死了。

鲁智深与李逵的异同：

鲁智深和李逵都疾恶如仇、侠肝义胆、脾气火暴，但鲁智深是粗中有细、豁达明理；但李逵是头脑简单、直爽率真、鲁莽急躁、嗜杀成性。

练习4答案示例：宋江原为山东郓城县一刀笔小吏，字公明，绰号呼保义。面目黝黑，身材矮小，平素为人仗义，挥金如土，好结交朋友，以"及时雨"闻名天下。因晁盖等在黄泥冈劫生辰纲事发，宋江把官军追捕的消息告知晁盖。晁盖等上梁山后，遣刘唐送来书信（招文袋）及一百两黄金酬谢。不料，此信落入其妾阎婆惜之手。无奈，宋江怒杀阎婆惜，后被发配江州，与李逵等相识。却又因在浔阳楼题反诗而被判死罪。（官逼民反）

幸得梁山好汉搭救，宋江上了梁山，坐了副头领之位。后在攻打曾头市时，晁盖眼中毒箭而亡，宋江遂坐上头把交椅。日后，宋江率众被朝廷招安。在历次讨伐其他起义军的过程中，梁山好汉死伤甚众，宋江本人也被赐御酒毒死。怕李逵在他死后为他报仇，坏了梁山泊好汉的名声，便将李逵一并毒死。（忠义）

读《红星照耀中国》，感受"真趣"语文

姜杰

真趣语文是由"真"出发，而让学生感受到"趣"，从而让学生喜欢阅读，喜欢语文。《红星照耀中国》恰好是这样一部全"真"的作品，是学生感受"真趣"语文的好例文。

一、探析"真"实事

作为一部典型的纪实类文学作品，《红星照耀中国》客观真实地记录了斯诺实地采访和考察的关于红色区域的种种真相，向全世界介绍了红军长征，以及中国共产党领导的革命根据地的真相。这些真相，是建立在大量"事实"之上的。学生可以通过情节的梳理、重点事件的概括与研读来感受这一些事实，来感受中国共产党从诞生到成长、到壮大的过程。这些"事实"不是枯燥的历史事件，而是通过人物的口"讲述"出来的，更利于学生接受。

二、解决真问题

不管在当时，还是在现在，中国共产党能够在美、日帝国主义、以蒋介石为代表的官僚、军阀的重重包围下取得胜利，建立中华人民共和国都是不可思议的。我们无法想象在当时那么艰难的环境下，中国共产党人是如何突破重重枷锁，诞生、发展、壮大直至取得最终胜利的。

斯诺在这本书的开始也是提出了这样的疑问，这些疑问也是当时全世界人民共同的疑问：中国共产党究竟是什么样子？他们到底是一些什么人呢？是

什么东西使他们战斗呢？是什么东西支持着他们呢？他们的运动革命根据是什么呢？究竟是怎样的希望，怎样的目标，怎样的梦想，使他成为顽强到让人难以置信的战士呢？他们的领导人是谁？他们是不是受过教育的人，对于一种理想、一种意识形态、一种学说是否具有强烈信仰呢？他们是社会的先知，还是无知的农民，徒然为着生存而战斗呢？他们对于那些比他们优越得多的军事组合曾经谱写了惊人的胜利记录，该拿什么来解释呢？南京对于红军的作战，可以利用大工业基地，大炮、毒瓦斯、飞机、钱，乃至近代的技术，红军方面则一无所有，但却没有被"剿灭"，反而势力逐渐扩大起来，这是什么缘故呢？他们运用怎样的战术？这些战术是谁传授的？是谁教导他们的？他们的谋略，不但胜过了国民党的那些司令，而且胜过了那些外国军事顾问，这又是由谁领导的？中国的苏维埃是怎样的？中国红军的军力有多强？中国共产党运动在军事上和政治上的前途是怎么样的？他们的历史发展将会怎样？

这些疑问是我们阅读此书的一大动力，也是我们现代的中国人正确认识历史、认清现实、确信未来的基础与保障。

三、品味真道理

我们一直说：没有共产党就没有新中国。为什么会这样说？读完本书后，我们就会明白，中国共产党能在岩隙砾石中诞生，能在狂风暴雨中成长，能在风云变幻中坚定，能在四面夹击中辉煌，是因为它始终代表最广大人民的根本利益。是历史、是人民选择了中国共产党。

四、培养真兴趣

虽然《红星照耀中国》的成书时间距离现在比较久远，所写的历史事件对于现在的学生而言或许有些不可思议，因为他们接触的仅仅是历史课本上的讲述和影视作品中的片言只语，但斯诺的写作技巧无疑是高超的，《红星照耀中国》在当时无疑是解答世界关于"红色中国"为何能够建立这一问题的最好答案，全书从问题入手，从中国共产党能在三座大山压迫下的严酷环境中诞生到成长、再到壮大的不可思议入手，直接拨动了读者（无论是当时还是现在）的神经，把答案一层一层揭开。

　　《红星照耀中国》无论是作为一部文学作品来读，还是作为一部历史资料来读，无论是对培养学生的阅读兴趣，还是对激发其探究历史真相的兴趣都是有益的，对于学生确立民族自信，肯定民族发展同样是有利且有力的。

"真趣"语文之名著阅读

——运用思维导图梳理阅读内容

张冬蕾

语文本身作为一种语言、文学，其魅力是无穷的，如春水般缓缓流淌，滋润心灵。社会在变化，学生在变化，人的思想也在变化。语文教学必须适应社会发展的要求，寻求更好的发展方向，实现新的突破目标。

《义务教育语文课程标准（2022年版）》明确指出："7～9年级，每学年阅读两三部名著，探索个性化的阅读方法，分享阅读感受，开展专题探究，建构阅读整本书的经验，感受经典名著的艺术魅力，丰富自己的精神世界。"这就要求学生根据信息和资料，制订自己的阅读计划，广泛地阅读各类型读物，学会欣赏文学作品，在初步领悟作品内涵的基础上，有自己的情感体验，并从中获得对自然、社会、人生的有益启示。

苏霍姆林斯基曾说："学生的智力发展取决于良好的阅读能力。"名著阅读作为一种开放、自主的阅读思辨活动，应有学生的积极主动参与。如何提升学生的阅读理解能力，怎样把阅读落到实处，工作室主持人李爱芳老师提出的"简易思维导图在初中语文教学中的运用"，简约不失系统，生动不乏理性，培养了学生的深度思维，在名著阅读教学中发挥了重要的作用。

思维导图作为表达发散性思维的有效图形思维工具，把发散性思维用图文的形式加以记录。通过一个中心，向四周不断发散。它简单、有效、实用，在各个领域都发挥着巨大作用。运用思维导图进行名著阅读，对阅读内容进行梳理，明确内容的重难点，熟悉情节结构，丰富人物性格特点，使阅读系统化、条理化。教师根据学生思维导图的设计情况，有针对性地对学生进行指导，激发学生阅读名著的兴趣和热情，加强学生对名著阅读内容的理解，提高了学生的阅读核心素养。

初中语文教学中使用的是简易思维导图，制作起来非常简单：一张纸画出九宫格，中间一格就是思维导图的核心，写上中心主题；从中心出题出发，以发散式形状向外画分支；结合阅读内容，填写关键词和重要内容。"能简不繁，当艳不让"。简易思维导图的图案不要太大，尽可能使用各种明亮的颜色，这样的思维导图会更醒目、更有生命力。

有人说思维导图是一种灵丹妙药，一旦学会思维导图，任何问题都能迎刃而解。以《朝花夕拾》和《骆驼祥子》为例。

1926年，鲁迅先后撰写了十篇回忆性散文，并以《旧事重提》为总题陆续发表，后来更名为《朝花夕拾》结集出版。虽然作品所呈现的生活场景和我们现代的生活场景截然不同，但是我们通过阅读，依然可以感受到其童年生活的精彩和魅力。如果用心去阅读，我们就能在其中找到自己童年的印迹。

这十篇散文作为鲁迅作品中最富生活情趣的文章，有的侧重记人、有的侧重记事、有的侧重议论等。阅读《朝花夕拾》我们需要完成以下任务：①概述每篇文章的主要内容或故事情节；②分析阿长、藤野先生、范爱农等人物形象或性格特点；③理解每篇文章的主题思想；④阅读鲁迅的其他作品，提升对鲁迅作品的认知水平。

根据阅读任务，课前预习阶段设计简单的思维导图，直观直接、清晰明了地展现了《朝花夕拾》十篇散文的内容，有快乐、有迷惘、有温暖的回忆，也有理性的批判。简单的思维导图，让我们的思想快速向作者靠拢，与作者接轨，如图2-10所示。

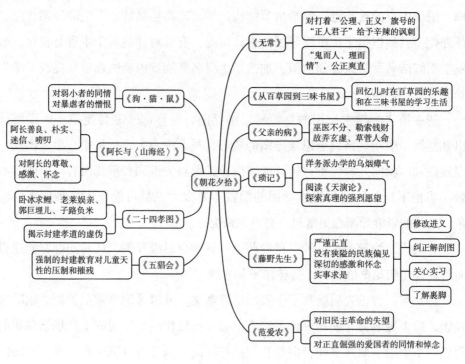

图2-10 《朝花夕拾》的思维导图

《骆驼祥子》是现代作家老舍的代表作。小说描写了一个普通人力车夫的一生，反映了一个有良知的作家对底层劳动人民生存状况的关注和同情。老舍把祥子这样一个小人物写活了。作为八年级的学生，阅读《骆驼祥子》主要是结合具体的故事情节，分析祥子的"三起三落"，理解小说的内容和主旨。如图2-11所示。

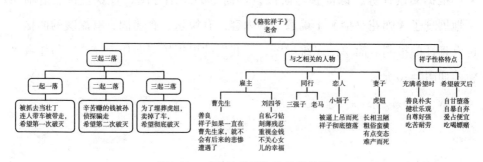

图2-11 《骆驼祥子》的思维导图

利用思维导图对名著进行多层次、多角度阅读，一步一步往前走，一点一点记录，走到最后，内容清晰了，主题出来了，人物形象明了了，名著阅读也有了长度、宽度和深度。

如果我们用传统的记笔记方法，一条一条，一点一点地罗列知识点，就会比较混乱，不容易形成清晰的条理。而用思维导图做笔记，我们就能把知识条理弄清楚。除了理顺知识，思维导图还简单实用，使我们的学习更有效、思维更清晰、记忆更牢固。因为知识点之间形成了联系，这样我们就不容易忘记。就算稍微忘记了，我们也可以通过与之相关的其他联系快速地想起。

名著阅读，凡是老师可以放手的地方，尽量放手让学生自己阅读，自求理解，教师只是在关键处做些指导、点拨，教师要着眼于培养学生的独立阅读能力。思维导图的运用，充分调动了学生的学习兴趣，培养了学生的发散思维方式，改变了传统死记硬背的学习方法，切实提高了学习效率。有了预习时思维导图的直观呈现，课堂推进就游刃有余、顺利多了。

📖 名著阅读《朝花夕拾》课堂实录（部分）

走近大师重温经典
——《朝花夕拾》阅读

一、导入新课

鲁迅的生命中，有一段饱含温情的人生记忆。今天就让我们一起走近鲁迅，走进他的《朝花夕拾》，去感受他记忆中的温情。

师：一个月以来，同学们一直在自读《朝花夕拾》，很多同学经常来问我一些问题，跟我分享一些阅读体验，这一点很好。另外，同学们还利用周末时间制作思维导图。这些思维导图，图文并茂，内容丰富。请同学们说一说你看了这些思维导图的感想。

生1：内容非常丰富，而且色彩很鲜艳。

生2：概括每篇散文的内容很具体。

生3：看了同学绘制的思维导图，感觉自己即使没有阅读，也对文中的内容有了大概了解。

师：阅读可以走捷径吗？还是静下心来好好阅读最可靠。

师：下面我们通过一个小小的游戏，来回忆一下作品中的几个人物。

PPT：猜猜他是谁？

1. 最讨厌的是常喜欢切切察察，向人们低声叙说些什么事。还竖起第二个手指，在空中上下摇动，或者点着对手或自己的鼻尖……一到夏天，睡觉时她又伸开两脚两手，在床中间摆成一个"大"字。

2. 他是一个高而瘦的老人，须发都花白了，还戴着大眼镜。我对他很恭敬，因为我早听到，他是本城中极方正，质朴，博学的人。

3. 进来的是一个黑瘦的先生，八字须，戴着眼镜，挟着一叠大大小小的书。一将书放在讲台上，便用了缓慢而很有顿挫的声调，向学生介绍自己道："……"

生4：长妈妈。

生5：寿镜吾。

生6：藤野先生。

师：看来大家对这些人物都很熟悉了，鲁迅之所以能让读者对他笔下的人物过目不忘，是因为他在写人物时能做到以下几点：（PPT显示）

★用白描手法，寥寥几笔，勾勒形象。

★用多种描写方法，抓主要特征。

★以"形"传"神"，形神兼备。

师：同学们要在以后的阅读中不断地学习。下面我们再来巩固一下：用一两句话来说说他（她）是什么样的人？

生7：长妈妈是一位有伟大神力的人。

师：具体一下会更好。

生8：寿镜吾是一位学识渊博的老学者。

生9：藤野先生是一位严谨认真、实事求是的人。

生10：长妈妈是一位能走进孩子心里的善人。

师：同学们概括得非常好。这些内容多多少少都在思维导图里出现过。

师：同学们，经典需要朗读，常读常新。下面我们就来做朗读者，朗读以下几篇文章中的精彩片段，我选出七篇文章，所以我想请七个同学分别进行朗读。在朗读前先介绍作品内容。

（出示幻灯片《狗·猫·鼠》《无常》《二十四孝图》《琐记》《范爱农》《阿长与〈山海经〉》《从百草园到三味书屋》）

生11-16：朗读。

师：谢谢七个朗读者，听着你们的朗读，我好像听到了你们与经典碰撞的美妙声音，原来你们小小的内心里有这么丰富的感受。

师：同学们，你们知道阅读的最高境界是什么吗？就是与作者产生共鸣，把自己融入作品中，感受人物的喜怒哀乐，情节的跌宕起伏。下面我们就通过阅读以下几篇文章的段落，细细品味。

出示幻灯片：

《五猖会》

因为东关离城远，大清早大家就起来。昨夜预定好的三道明瓦窗的大船，已经泊在河埠头，船椅，饭菜，茶炊，点心盒子，都在陆续搬下去了。我笑着跳着，催他们要搬得快。忽然，工人的脸色很谨肃了，我知道有些蹊跷，四面一看，父亲就站在我背后。

"去拿你的书来。"他慢慢地说。

这所谓"书"，是指我开蒙时候所读的《鉴略》……

我忐忑着，拿了书来了。他使我同坐在堂中央的桌子前，教我一句一句地读下去。我担着心，一句一句地读下去。

两句一行，大约读了二三十行罢，他说：

"给我读熟。背不出，就不准去看会。"

他说完，便站起来，走进房里去了。

我似乎从头上浇了一盆冷水。但是，有什么法子呢？自然是读着，读着，强记着，——而且要背出来。

师：父亲在那时让鲁迅背书，鲁迅产生了怎样的感受？

生17：非常的懊恼，但是又不能抗拒。

师：你有过类似的感受吗？

生17：有。周末了，我和同学约好了一起玩，妈妈却告诉我，让我去上补习班。

师：你去了吗？

生17：母命不可违啊！去了。

师：听话的好孩子。继续。

生18：内心极其纠结，为什么偏偏在这个时候让我背书？

生19：盼望观看迎神赛会的急切心情，被父亲强迫背诵《鉴略》，有些扫兴。

生20：去看迎神赛会的兴奋，被父亲强迫的痛苦。

师：封建父亲不理解孩子，压制了孩子的天性。

出示幻灯片：

《父亲的病》

芦根和经霜三年的甘蔗，他就从来没有用过。最平常的是"蟋蟀一对"，旁注小字道："要原配，即本在一窠中者。"似乎昆虫也要贞节，续弦或再醮，连做药资格也丧失了。

父亲的喘气颇长久，连我也听得很吃力，然而谁也不能帮助他。我有时竟至于电光一闪似的想道："还是快一点喘完了罢。……"立刻觉得这思想就不该，就是犯了罪；但同时又觉得这思想实在是正当的，我很爱我的父亲。便是现在，也还是这样想。

师：文中两位给父亲治病的名医在治疗手段上有什么相同之处？成年后的鲁迅对他们有怎样的看法？

生21：两位所谓的医生并不会治病，鲁迅认为他们草菅人命。

生22：两位医生没有医德，以挣钱为主。他们巫医不分。

生23：故弄玄虚，整得很玄乎。

师：分析得很到位。同学制作的思维导图也给同学们提供了帮助。

师：《朝花夕拾》中既有温情的回忆，又有理性的批判，鲁迅的爱恨情仇皆在其中。

生齐读：

他爱粗俗愚昧却朴实善良的长妈妈，

他爱独断专制却深沉稳重的父亲，

他爱不拘小节却热情公正的藤野先生，

他恨精明会说却暗中使坏的衍太太，

他恨巫医不分、故弄玄虚的所谓名医，

他恨不学无术、麻木不仁的清国留学生，

他深深地爱着我们的国家和民族；憎恨所有反对民主和平的旧势力。

总结语：同学们，通过制作思维导图来阅读经典著作，消除了我们与经典之间的隔阂。读经典作品，可以帮助我们思考许多人生问题，可以使我们接触人类智慧的精华。让我们走进经典，重温经典！

"没有最好的指导，只有最好的阅读。"名著阅读其实并非枯燥，只是我们没有找到正确的阅读方法而已。利用简易的思维导图进行阅读，让学生的感知、理解和探究有了更加开阔的场域，更容易激发学生的思维。利用好思维导图，对名著进行深耕细作，丰富、优化阅读和教学内容，只要用心，就可以拥有专属自己的、个性化的思维导图笔记，就能在众多笔记中突出重围、独占鳌头。正如工作室主持人李爱芳老师所说："运用思维导图进行阅读和写作教学，对学生进行头脑风暴练习，这样更好地培养了学生的思考能力、想象能力和创新能力。"

好的教学模式一定是多种教学方式的统一。语文课的魅力，名著阅读的魅力，就在于阅读，它对我们心灵的影响不是直接的、说教式的，而是间接的、无痕的。让我们充分利用好思维导图，在绘制过程中，自然而然、潜移默化地受到熏陶感染，那我们的语文教学一定会迎来更加多元、更加丰富、更加立体、更加美好的未来。

让语文课堂上书声琅琅

谈艳

中国教育服务网2020年发表了一篇名为《让孩子大声朗读课文，会有这些好处！》的文章，我突然意识到，现在听很多语文课，经常会听到讲课老师说"我们前面预习了课文，今天直接讲解""课文课下读过了，今天就不读了"……不知道从何时开始，读课文已经在一些语文老师的课堂上省略了，课文真的可以不读就能讲明白吗？

"读书百遍，其义自见"，是对读书最经典的概括。文言文没有标点，要求熟读成诵，在读的过程中理解文章内容。现在一些语文名师在课堂上也不停地引导学生读书，让学生从字、词、句、篇中感悟文章的内容、主旨。《义务教育语文课程标准（2022年版）》中要求："义务教育语文课程按照内容整合程度不断提升，分三个层面设置学习任务群，其中第一层设'语言文字积累与梳理'1个基础型学习任务群，第二层设'实用性阅读与交流''文学阅读与创意表达''思辨性阅读与表达'3个发展型学习任务群，第三层设'整本书阅读''跨学科学习'2个拓展型学习任务群。根据学段特点，学习任务群安排可有所侧重。"6个学习任务群中，有4个提到阅读，可见阅读在语文教学中的重要性。

那么，如何指导学生在课堂上朗读呢？

大声朗读，先要读准字音。有老师讲《阿长与〈山海经〉》时，让学生起来读片段，学生把长（cháng）妈妈读成长（zhǎng）妈妈，老师稍做纠正后又接着讲，后面还有学生读错，老师还不重视，一直到课文讲完了，还有学生不知道长妈妈到底读什么，这样脱离文本生拉硬拽的讲解，学生并不理解，是舍本逐末、高耗低能。

除了读准字音，还要让学生明白朗读时要注意停连、发音、语速和重音等技巧，加深学生对文章的理解。

注意停连，就要声断气连，停、连有序，如读《陋室铭》要读准字音、读清句读，结合课下注释就会初步理解课文内容。读"孔子云：何陋之有？"时，明确是孔子说："君子居之，何陋之有？"即"有德行的人居住在那里，有什么简陋的呢？""之"和"有"就要做到声断气连，读出刘禹锡用孔子名言点题，说明了由于自己的品德高尚，即使是住在简陋的草庐也不觉得简陋了；《陋室铭》中开口呼的字较多，后鼻韵母，发音响亮、昂扬，感情外张、有一种从心内往外释放的激情，读出了作者傲岸的节操和安贫乐道的精神。

注意语速和重音，如"苔痕上阶绿，草色入帘青"中"苔痕、绿、草色、青"要慢度、重读，苔痕虽微，也能使阶绿，草色虽浅，也能映青帘；"谈笑有鸿儒，往来无白丁"中"谈笑、鸿儒、往来、白丁"要重读、"有、无"要慢读：和我交往的都是文臣雅士，我虽被贬，一样有一身傲骨。一名品德高尚的名士跨越时空，来到眼前，这样对文章的理解和感悟是多么深刻，让文章的教育思想真正落地。这样的深入阅读，已经不需要过多地讲解了。

《陋室铭》朗读时还要注意押韵，读出音韵美。押ing韵，"名、灵、青、丁、经、形、亭"等字，韵律感极强，读来掷地有声，又自然流畅，一曲既终，犹余音绕梁，让人回味无穷。表现了作者不与世俗同流合污，洁身自好、不慕名利的生活态度。

语文课堂只要我们放手让学生去读，把好方向，适当点拨，学生就会读出文章深意，如果脱离文本，做所谓的深度解读，学生对文本不理解，课堂就是老师一个人的独角戏。经常有老师说："都讲多少遍了，怎么就是学不会。"其实老师是做了舍本逐末的无用功，而学生也没享受到阅读的快乐，更不要说读懂文章的深意。所以请把课堂还给学生，把读书的权利还给学生，让学生享受"读书百遍，其义自见"的快乐，让学生在"书中自有黄金屋……书中自有颜如玉"中沐浴，让语文课堂上书声琅琅。

营书香校园，品美好生活

仇冬梅

"粗缯大布裹生涯，腹有诗书气自华。"为了对学生进行传统文化、人生哲理的熏陶，丰富学生的精神世界，提高学生的学科素养，我们学校围绕"书香校园"开展各种读书活动，让终生读书的意识真正树立在了实验学校每个学生的心中。

一、以网络为载体，让阅读飞入寻常生活

我们学校从校情出发，创设多样载体，加大书香校园建设力度，探索师生阅读新途径，营造勤奋读书、奋发向上的校园文化环境。特别是构建校内、家庭、社会三位一体的阅读网络，引导和带动广大师生参与读书，把书香校园的建设由校内延伸到了校外。

（一）"好书推荐"和"名著阅读打卡"专栏的运用

阅读不能改变人生的长度，但它可以改变人生的宽度；阅读不能改变人生的物象，但它可以改变人生的气象。教师专业成长的路径很多，但最持久、最扎实有效的一定是读书。读书是教师专业发展的基石和源头活水，因此，在我们学校，教师始终走在学生阅读的前面。"校长推荐阅读"成为教师阅读书目的主要来源渠道。每月初校长室会在校园网上，向全体教师推荐一本书，让教师们积极参与读书活动，既开阔了教师们的视野，提升了精神生活的质量，又让教师们在读书中领悟快乐工作、幸福生活的意义。本学期，校长室以社会主义核心价值观中的"爱国、敬业、诚信、友善"为主题，向教师们推荐了《天

行健》《好老师是这样做的》《世界是平的》《相约星期二》4本书。

经典名著凝聚了世代人类思想艺术的精华，可以陶冶思想情操，而流行文学，能让人感受到时代的气息，基于此，我们开辟了"时代美文推荐"专栏。语文教师每周向学生推荐一篇美文，这些美文不同于课本，都有较强的时代感和现实意义。本学期我们分别以"青春、亲情、感恩、大美中国"为主题，向学生推荐了16篇时代美文，如五月份我们分别推荐林清玄的《买馒头》、毕淑敏的《孝心无价》、肖复兴的《学会感恩》、米立的《总有些感恩"有始无终"》。

"名著阅读打卡"专栏，是对学生阅读成果的有效评价和监督。各级部语文教师根据本学期阅读推荐书目，设置五套融知识性和娱乐性为一体的名著阅读过关测试题，学生每读完一本书进行一次名著阅读打卡过关检测。

（二）"书香园"的广播

今天，你的耳朵阅读了吗？这是我们实验学校学生中流行的"阅读密码"。校园广播主打节目"书香园"，就是耳朵阅读的主阵地。每天课间操、课外活动、中午、晚学，学校宣传部选拔优秀学生播音员，定时播音，播放名家经典作品、成语故事、精美文章、优秀习作文章等。当或纯净或深沉或灵动的声音响起，校园瞬间安静下来，每个角落都沐浴在悦耳温馨的书声中，师生的心灵在放松、愉悦的读书环境中得到熏陶和净化。

（三）"最美朗读者"的发行

中央电视台的《朗读者》节目一经推出，在豆瓣网上就达到了9.4的高分。从央视的《朗读者》获得灵感，结合实际，我们实验学校成功地推出了"最美朗读者"活动。

1. 专业录制

在各级部海选的基础上，评出了30名最美朗读者，统一时间聘请专业人士进行录制，录制时配上音乐、字幕，注意近景、远景的布局和诗文内容的统一和谐，做到诗中有画，画中有诗。

2. 形式优美

选取校园亭台轩榭、春暖花开、绿草如茵的优美环境为背景，学生在对经典内容和情感充分把握的基础上，进行声情并茂、形式多样的诵读表演，既展现了学生的风采，又让观众领略了如画的校园美景。

3. 指导到位

聘请精通朗诵的教师进行现场指导，每一个动作、每一个表情、每一处语调的把握、语音的延长，都进行细致指导，朗诵者们也要反复练习，力求完美。姜宏川、黄雅雯等同学的古诗文朗诵被录成图文并茂的视频，发布在公众号上。截至目前，我们一共发布了五期。如果说校园广播是用耳朵在阅读，那么我们的"最美朗读者"则是一场华美的视听盛宴。

二、以课堂为核心，深层探索"整本书阅读"新模式

纸上得来终觉浅，绝知此事要躬行。我校多措并举，周密部署，组织了系列阅读课堂研讨活动。

（一）名师引领示范

充分发挥骨干教师的带动作用，有计划地组织开展名师观摩课、骨干教师示范课。学期初由骨干教师出示整本书阅读示范课，探究主题、细读文本……课堂精彩不断，充分彰显了我校骨干在名著阅读教学方面的探讨与努力。名师示范课让教师们明确了方向，重视整本书的阅读，引导学生热爱读书、放飞思维。

（二）集体探讨研究

以示范课为契机，利用集体备课时间，加强对阅读课型研究，积极研究探索"整本书阅读"课新模式。通过全面分析教材、深入挖掘教材、灵活调试教材、合理整合教材，一书一设计，一主题一设计，引发教师们对名著阅读教学更深层次的思考，推动我校语文阅读教学再上新台阶。

（三）组织推广展示

一学期一次的青年教师优质课比赛，语文组将课题内容定为"整本书阅读"指导，这样既让教师们重视整本书阅读，又快速提升教师们的业务能力。青年教师以全新的教学理念，独具匠心的教学设计、精湛的教学方法，对《西游记》《城南旧事》等书籍进行了阅读指导。

（四）"名著大讲堂"开讲

以讲促读，推动阅读对话和教学对话的开展，引领学生倾听文本，个性化

地阅读文本、体验文本。学期初要求每个备课组准备一节名著讲座，讲座的内容应独特新颖，既要把握作者传递给读者的内涵精髓，又要有独到的见解和时代气息，既要有知识性，又不能缺乏趣味性，讲解的形式要灵活多样，重在激发学生兴趣。史红娟、孙燕凤、于玲玲三位老师带来的《骆驼祥子》《朝花夕拾》《鲁滨孙漂流记》名著解读，以独特的角度、完美的讲解折服了全场，让同学们陶醉其中不能自拔。

三、以校本教材编写为突破口，引领学生个性发展

我校阅读课校本课程的开发、校本教材的编写，给学校的长远发展、教师的专业发展、学生的个性发展带来了新舞台。

（一）积极编写经典阅读读本

本学期，由教导处牵头，语文组编写了古色古香的古诗词读本《诗韵》和图文并茂的现代美文读本《遇见》。

（二）精心编排形质兼美的课本剧

6月底我们举行了"让语文走进学生心灵"课本剧汇报演出，将阅读活动推向了高潮。从全校海选到最终的演出，全校师生以高度的热情，积极投入课本剧活动。《散步》《阿长与〈山海经〉》等，是在对课本理解的基础上提炼出精华；《屈原》情节新颖、跌宕起伏；凝重的历史感让人哽咽；《汉宫秋》《霸王别姬》演绎了一出千古绝唱的离别，谱写了一曲令人嗟叹的爱情悲歌！学生们通过对经典的理解，进行二次创作，同时融入现代色彩，让文学经典以全新方式展现出来。

课本剧的演出为我们的阅读活动打开了一扇崭新的大门，引来了一道清澈的活水，使课外阅读显现出勃勃生机，让学生感受到阅读的无穷魅力。

丰富的阅读经典和多彩的读书活动，让实验学子寻觅到了"阅读"真正的含义，不仅要好读书，还要好思考、好创作。让我们在读书中回味，让我们在创造中走向远方。学生收获的不仅仅是一次经历，一次个性展示的机会，还有许多优秀品质，是创新、是团结、是责任、是细心，还有心中关于梦想的那团火！

群文阅读的教学优化策略

周菲

群文阅读是现在语文阅读教学中使用比较广泛的一种教学方式。群文阅读主要是指教师在一定的时间内，指导学生阅读多篇相关的文章，这是一种新的语文阅读模式。这种阅读模式对于学生的阅读速度和阅读数量都提出了更高的要求，旨在让学生在阅读中构建阅读意义。另外，把群文阅读应用到语文的阅读教学中也有利于提高学生的语文素养。从本质上而言，群文阅读能够实现学生从阅读教材向课外多方面的延伸与整合，可以有效开阔学生的视野，提高学生阅读的综合能力。

但是通过日常的教学活动，我认为目前群文阅读还存在一些问题。例如，缺乏阅读材料，没有针对群文阅读教学研发出一套阅读资源，导致教师在进行实际教学的过程中，由于阅读资源的缺乏而无法让阅读材料之间产生有效的关联，无法发挥出群文阅读的有效性。或者是教师在阅读材料的选择上存在失误，将关联性不大的几篇阅读文章纳入群文阅读教学体系中了，同样也无法取得有效的教学成果。又如，有的教师在教学当中，没有对引导问题进行充分考虑，部分教师所设置的引导问题不合理，学生不能够对问题进行很好的理解，如不懂文章的组合、不懂题意等，这让群文阅读教学方法的实际价值无法得到有效发挥。部分教师只是在形式上应用了群文阅读，但是其教学思想还是传统的，教师在教学中依然会占据主导位置，而学生只是进行被动的阅读，这样完全无法发挥出群文阅读教学所应该达到的教学效果，并且学生如果长期地处于这样的教学模式，久而久之就会逐渐丧失对阅读的兴趣。

如何更好地指导学生进行群文阅读呢？我认为首先应该培养学生对群文阅读的兴趣，多和学生进行沟通与交流。在群文阅读中，很多情节都是可以让学生产生共鸣的，所以教师要充分激起学生的积极性，让学生可以参与到教学中，教师也可以跟学生分享一些自己在群文阅读中的趣事，这能够在很大程度上提高学生对阅读的兴趣与积极性，对于群文阅读的教学也有着非常大的帮助。另外，因为在群文阅读中每个学生挑选的阅读内容都是不一样的，所以教师应该多鼓励学生和其他同学交流，让学生在此过程中向其他学生介绍自己读过的书和分享自己读书后的感受等。

设计合理的群文阅读活动，也是我们更好指导学生进行群文阅读的关键。

要想有效地发挥群文阅读教学的实际价值，就要做好以下三方面。

首先，要精准地选择合理的阅读问题，要求阅读文本之间具有非常明确的关联点以及关联性，在这样的基础上再去研究如何把文本有效组合。教师应该首先确定一个阅读主题，遵循主题的范围去寻找具有较强关联性的阅读文本，而如何去确定文本之间是否具有关联点，就需要从教学内容、目标以及学生的综合阅读能力等方面出发进行综合考虑。通过选择《荷叶·母亲》《散步》等文章，让我们分别感受深沉的父子之情、无私的母爱、真挚的子孙三代情。这些文本都在表现亲情，但却让我们感受到不同的人间真情，唯一不变的主题就是"爱"。

其次，要注意阅读文本之间的层次感，不能够因为关联而关联，即便是一些具有关联性的阅读文本，其教学目的可能是不同的，那么这样的文本也不能选择使用，应该根据文本的特点以及阅读难度来进行有序排列，通常采用由简入繁的理念来组织群文阅读文本，让学生阅读的过程中有层层递进的感觉，可以把在上一篇阅读当中获得的知识应用到下一篇阅读文本中。

最后，要根据学生的知识水平以及教学目标适当加入课外阅读书籍。比如，教师在教学《孔乙己》《变色龙》时，文章的题材是相同的，都使用了讽刺的手法去塑造人物形象，此时教师就可以引进《儒林外史》让学生阅读，学生通过交流与合作就能够快速总结出文章的主旨，然后再向学生讲解幽默和讽刺的区别与联系，提高学生的理解能力，加深学生的印象。课后语文教师也能够根据学生的学习情况和讨论结果去布置作业，如能够让学生以相同的题材去写一个小故事，并和其他学生分享。

群文阅读需要有一个较为开放的阅读环境，提倡把阅读课堂变成一种具有讨论性、思考性和探究性的课堂。语文教师应该按照学生的特征与阅读需要去设计符合群文阅读要求的阅读活动，以此有效调动学生对阅读的兴趣和活跃课堂气氛。比如，语文教师可以组织一些阅读实践活动，以此来锻炼学生的诵读、朗读、泛读、跳读、分角色阅读等能力；也可以组织一些如游戏活动、扮演活动等多样化的阅读活动；还可以让学生进行阅读讨论活动，如小组合作讨论、同桌讨论、全班一起讨论；等等。

教师及时开展教学评价与总结，是学生进行群文阅读的保障。我们教师在进行群文阅读教学时，需要重视学生的主体位置，充分发挥自己的指导作用；还要及时发现学生在阅读中的问题，并帮助他们解决，从而和学生一起成长，建立具有趣味性、高效性的语文群文阅读课堂。在教育心理学方面有理论表明，教师在鼓励、表扬学生以后，能够有效增加学生的自信心，进而可以使之更积极主动地阅读。因此，语文教师在群文阅读教学中应该及时开展阅读评价与总结，多鼓励那些表现良好的学生，让学生可以收获阅读的喜悦。比如，教师可以建立小组评价机制，把全班学生分成多个小组去进行阅读。在正式讲解文章之前就能够让学生在小组中进行群文阅读，并互相评价阅读的成果；同时，语文教师也要给学生一定的时间去让其进行讨论与反思；之后教师再总结并升华学生的阅读成果，对学生的表现进行评价。这种方式能够有效增加学生的阅读成就感和自信心，进而逐渐提高学生的阅读能力。

综上所述，群文阅读是一种有效的阅读教学模式，具有一定的创新性与自主性。我们教师在阅读教学中应该优化群文阅读的教学策略，以此激发学生对群文阅读的兴趣，让学生可以通过阅读提高自己的阅读能力和获取知识的能力，从而推动自身全面发展。

"真趣"语文名著阅读指导系列

——《海底两万里》阅读教学思考

王慧永

　　我们工作室提出了"真趣"语文的教学理念，要求老师们在进行阅读指导时主要抓六个环节：探析真实事、感受真意趣、品味真道理、感悟真情味、解决真问题、培养真兴趣。

　　在此基础上，对于"真趣"语文，我也有自己的理解。特别对于《海底两万里》我所理解的"真趣"，拆分为"真"和"趣"二字，而且更应着眼于"趣"字，然后再去探求"真"。

　　"趣"的理解，我觉得大概有这样几个方面：一是激发兴趣，二是志趣，三是使人感到愉快、有乐趣，四是一种高雅、有情趣的活动。

　　先说激发兴趣。《海底两万里》的作者，如果用这样的形式来介绍，可能更有趣。

　　有这样一位作家，发明电报机之前，他作品里的人物已经在用电报传递信息了；飞机问世之前，他作品里的人物，已经在用直升机代步了；人类登月之前，他作品里的人物，已经坐上一颗炮弹，到月球去约会嫦娥了。他是儒勒·凡尔纳，世界公认的最具想象力的作家。后世称赞他是"现代科学幻想小说之父"，同时他还享有"科学时代的预言家"的美称。儒勒·凡尔纳十分热衷写科幻和探险小说，他幻想的那些内容，时至今日大都已经实现。据联合国教科文组织统计，儒勒·凡尔纳是全球被翻译作品第二多的作家，译本累计有

5000多种，其中《海底两万里》无疑是最受读者喜爱的一部，不仅极具文学价值，而且其影响力还扩大到了大众文化领域。据说，世界上第一艘核动力潜艇，就是以作品中的潜艇名字"鹦鹉螺号"命名的。

有了兴趣，就要关注"真"。我的理解是着重于三个方面：一认真，二真实，三纯真。何谓认真，就是做事认真，拿《海底两万里》来说，我们要认真地阅读文章，首先要了解文章的内容。

内容一讲述阿龙纳斯教授深海旅行的故事。事情的起因是1866年，海上发生了一件怪事，出行的船只不断遭到攻击，但船员们却没有一个看见过攻击者，是巨型鲸鱼，是未知生物，还是人类发明的其他可怕机器？无从知晓。这时，博物学家皮埃尔·阿龙纳斯教授受命去抓捕这个神龙见首不见尾的海上怪物，于是他就和自己的仆人康塞尔一起登上了"林肯号"。几天的追击后，他们终于发现了目标，却被怪物撞沉抓获。

内容二讲述诺第留斯号潜艇的故事。阿龙纳斯教授三人被抓几天之后，终于见到了这艘潜艇的真正主人尼摩船长。他对教授一行人十分客气，并邀请三人一同游历海底世界，这个提议让阿龙纳斯教授立刻激动起来，对于一个博物学家来说，能有机会见识更多的海洋生物，简直是无法拒绝的。从此他跟随尼摩船长展开了海底之旅。

内容三讲述阿龙纳斯教授在海底的见闻及经历。鹦鹉螺号就是个自给自足的海底小世界，他们吃的是海豚干、海龟肉，以及用鲸鱼奶做成的奶油；穿的是贝壳类动物足丝制成的衣服，松软的床垫来自海藻，鞋子出自鲸须；而墨水呢，墨汁收集起来就用不完了；至于潜艇的照明和动力，所需能源则全部依靠电力。鹦鹉螺号的生活是很舒适惬意的。而现实世界里，电灯普及是19世纪70年代，凡尔纳却在自己的小说中让"鹦鹉螺号"提前十年用上了电灯。真实与虚幻交织，妙趣横生。

阿龙纳斯教授参观这艘身披铠甲的巨舰"鹦鹉螺号"，领略了尼摩船长天才的设计，也更全面地了解了尼摩船长这个人，他是一个极具天赋的工程师，除此之外还是个极有品位的人，热爱音乐，会弹管风琴，尊重知识且博览群书。尼摩船长还有一点不得不让人佩服，那就是他虽然长期躲在潜艇里，却并不是一个待在海里的书呆子，尼摩船长为人十分精明，如让三人用不同的语言来分别讲述"林肯号"遇难的经过，判定是否有人说谎。阿龙纳斯教授作为博物学家，面对广袤的海底心痒难耐，尼摩船长邀请他一起去海底森林打猎，他爽快地答应了。他们换好潜水服，背上储气瓶出发了，一行人踏上海底平原，用心感受脚下的细沙。几群不同种类的鱼儿从他们面前飞速游过，色彩斑斓的珊瑚，把海底森林装点得格外漂亮，他们一路欣赏着直到进入了幽暗的海底大峡谷最深处，这是阿龙纳斯教授第一次近距离接触海底世界，他见识到了壮观的海底奇景。

一天傍晚，尼摩船长突然下令将教授一行三人关了起来，第二天他们重新获得自由时，就被招呼着去照顾潜艇里受伤的船员。看着受伤严重的船员，教授很是疑惑，但没有人会解答他的问题。不久船员因重伤不治去世，尼摩船长悲痛不已，准备为船员举行海底葬礼，教授等人也因此有机会一睹神奇的珊瑚王国。在海底的深处、隐秘的珊瑚森林里，有一片墓地，墓地坟头上矗立的十字架是珊瑚天然生成的，珊瑚虫从这里开始蔓延，渐渐将整个坟墓包裹起来，这样死去的船员就能够不被陆地上的人类和鲨鱼打扰，永远安眠在这儿了。

"鹦鹉螺号"历经波折后，士气下降，为了让大家重拾希望，尼摩船长决定就近到锡兰岛海域参观采珠场。他们一边走马观珠，一边听船长介绍中国人养殖珍珠的诀窍。他们还见到了采珠人，于是船长又给大家讲解了采珠人的工作，他们的工作条件非常恶劣，还可能会遇到鲨鱼的袭击，但是他们的报酬却少得可怜！大家十分同情采珠人。就在即将到"鹦鹉螺号"的时候，船员们发现采珠人被鲨鱼盯上了，眼看采珠人就要命丧鲨鱼之口时，尼摩船长救了采珠人，采珠人还送给尼摩船长一袋珍珠作为感谢。但阿龙纳斯教授却感到很诧异，以他这段时间对尼摩船长的了解，认为他是非常不愿意和人类交往的，甚至可以说他十分厌恶人类，但是他却在情急之下选择救人，由此阿龙纳斯教授推断，尼摩船长是一个侠肝义胆、有情有义的人。

"鹦鹉螺号"继续踏上征程，他们很快到达了红海。在这里，阿龙纳斯教授和尼摩船长两人就红海这个名字的由来进行了一番探讨。据《圣经》记载，摩西当年带领以色列人逃出埃及，来到海边，他把耶和华赐给他的手杖伸向大海时，海水分开一条道路，让以色列人通过，随后追赶而来的法老军队也进入了海底，摩西再次伸出手杖，分开海水带领以色列人上岸，将法老军队淹没，他们的鲜血染红了这片海域，所以才有了红海这个名字。故事神秘莫测，引人入胜。真实的原因却是红海海面会季节性地出现大片红色海藻，这些海藻形成了血海的情景，因此才有了红海这个名字。尼摩船长还提到了正开凿的苏伊士运河，早在古埃及时法老们就下令开凿这条运河了，但是因为很多原因中途多次废弃，史实是，苏伊士运河实际上是在1869年完工的。小说中"鹦鹉螺号"是无法从红海直接穿越到地中海的，但是尼摩船长却在海底岩壁上神奇地找到了一个洞口，驾驶着"鹦鹉螺号"进入幽深的长廊，从另一个洞口驶出来，到达了目的地——地中海。尼摩船长邀请阿龙纳斯教授去打捞维哥湾的宝藏。教授曾亲眼看到尼摩船长将一箱箱黄金交给了一个神秘的人，而这个神秘人并不是船上的人。

船继续前行，他们见到了亚特兰蒂斯——曾经辉煌灿烂，因为地震消失的古老国度。接下来的行程中，"鹦鹉螺号"不幸在南极搁浅，潜艇中的氧气即将耗尽时，他们才终于从冰窟窿中逃出。随后他们又遭遇了巨型章鱼缠住了"鹦鹉螺号"的螺旋桨，他们与章鱼搏斗。紧接着，尼摩船长又下令追击军舰。尼摩船长之所以一直躲在潜艇里，一方面是逃避世俗，另一方面也是想以潜艇为武器打击敌人。后来"鹦鹉螺号"碰上了挪威海域的大漩涡，阿龙纳斯教授三人及时坐上小艇离开了潜艇。历时10个月的海底两万里的旅程终于结束，而陪伴教授一行人的"鹦鹉螺号"潜艇和尼摩船长却不知所终。故事到此结束。

这结尾多少让人觉得遗憾，但更加重了故事的神秘性，契合了海底既神秘又令人向往的特性。作品的趣味性与真实性相结合，现实与虚幻相结合，既有真实的情节，又有人物的纯真情感。结合当时的时代背景，凡尔纳既塑造了一个残酷的复仇者，也塑造了一个反抗殖民压迫的英雄形象，他既向往民主与自由，又为了躲避人间邪恶，为自己营造了一个与世隔绝的理想王国——海底世界。他是一个矛盾体，在爱与恨、怜悯与复仇之间挣扎。船长尼摩、对万物充满好奇心的阿龙纳斯教授、幽默风趣的康塞尔以及嗜肉如命的尼德·兰，他们一起见识了各种奇观，经历种种冒险，在险象环生的故事里，在跌宕起伏的情节中，读者似乎也和书中的人物一起经历了这一场场冒险。就像法国著名作家罗兰·巴特在他的著作中评价道："凡尔纳营造了一个封闭的宇宙，有其独立的时间、空间和独立原则。他不断地完善这个世界，充实这个世界，就像荷兰派画家，事无巨细地画出所有细节，摆上人类的发明和设备。"这部集趣味性和知识性于一体的科幻名著，征服了每一个阅读者。

阅读一部作品通常有以下三个步骤。

第一，通读（快速阅读），探析真实事。

第二，精读（分析阅读），感受真意趣、品味真道理、感悟真情味。

第三，专题研读（针对章节出现的内容设置），针对感兴趣的地方细细地钻研探究。解决真问题、培养真兴趣。

针对七年级下册语文课本必读书目《海底两万里》的阅读，我根据我的阅读经验，给同学们提出如下阅读指导建议。

这部作品分为两部分：第一部分，二十四章；第二部分，二十三章。

在阅读前，我建议同学们认真做好阅读规划。阅读规划一般从以下三个方面来规划。

一是什么时间读。每晚读20~30分钟，周末对本周所读的内容进行浏览、概括，并写阅读笔记。

二是读什么内容。确定读多少内容，一般来七年级阶段阅读一般现代文应以每分钟不少于400字的速度快速默读，完成对一本书的浏览阅读（这一步必不可少），按照我的阅读速度，大约一晚上能读3章多，那么一周就可以读15章左右。周六、日两天把本周阅读的内容重新浏览、分析，列出阅读纲目，采用一章一纲目的形式做出阅读笔记。周一把同学们摘抄和积累的内容做阶段性分享展示。同时，完成一个自评表格，以此督促学生及时完成阅读任务，并评比出优秀者，给予星级奖励。星级奖励分为周之星和月之星。

三是多长时间读完。计划用五周，完成快速阅读、分析阅读、专题阅读的任务。

阅读规划见表2-1。

表2-1 《海底两万里》阅读规划表

第一周				自评
日期	计划快速阅读章节	计划分析阅读章节	计划符号批注	计划写阅读纲目式笔记	实际完成章节
周一	4		4		
周二	4		4		
周三	4		4		
周四	4		4		
周五	4		4		
周六		1～7章		1～6章	
周日		8～15章		7～13章	

第二周				
周一	用一节课展示阅读成果，展示阅读笔记。 晚上完成专题任务一：探究"鹦鹉螺号"的秘密！ 1.在书中找出介绍鹦鹉螺号潜水艇的文字，包括科学原理、内部构造、动力、功能等方面。 2.查资料，对比科幻小说里的潜水艇与今天实际潜水艇的异同并写下来 3.有画图爱好的同学，画一画，并标注名称及功能。 解决真问题、培养真兴趣			

日期	计划快速阅读章节	计划分析阅读章节	计划符号批注	计划写阅读纲目式笔记	实际完成章节
周二	4		4		
周三	4		4		
周四	4		4		
周五	4		4		
周六		14～18章		14～18章	
周日		19～24章		19～24章	

第三周	
周一	用一节课展示阅读成果，展示阅读笔记。 晚上完成专题任务一： 仿照第二章和第十五章，学习写书信，注意书信的格式。阿龙纳斯教授回到陆地上后，以其口吻给尼摩船长写一封信。解决真问题、感知真情味 用一节课展示书信并纠正书信中的错误。

	第三周			
周二	晚上完成专题任务二： 1.结合小说内容写航海日记，内容包括时间、地点、事件以及所见、所闻、所感。感受真意趣、品味真道理、感悟真情味。 2.结合所学地理知识，画出世界地图，并在地图上标明航行时间、地点、简单事件			
日期	计划快速阅读章节	计划分析阅读章节	计划符号批注	计划写阅读纲目式笔记	实际完成章节
周三	4		4		
周四	4		4		
周五	4		4		
周六		1~6章		1~6章	
周日		7~13章		7~13章	
	第四周			
周一	用一节课展示阅读成果，展示阅读笔记。 晚上完成专题任务一：探究人物形象。摘抄典型语言、动作、神态、心理、评价性语言等文字 1.结合第三、七章，分析孔塞伊。 2.结合第四、八章，分析内德·兰德。 3.结合第十章到你目前阅读的章节，分析尼摩船长			
日期	计划快速阅读章节	计划分析阅读章节	计划符号批注	计划写阅读纲目式笔记	实际完成章节
周二	4		4		
周三	4		4		
周四	4		4		
周五	4		4		
周六		14~18章		14~18章	
周日		19~23章		19~23章	
	第五周			
周一	用一节课展示阅读成果，展示阅读笔记。 晚上完成专题任务一： 1.结合小说内容完善航海日记，内容包括时间、地点、事件以及所见、所闻、所感。 2.结合所学地理知识，画出世界地图，并在地图上完善标明航行时间、			

（续表）

第五周				
周二	地点、简单事件 摘抄典型语言、动作、神态、心理、评价性语言等文字。 结合第十章到最后章节：分析尼摩船长，分析阿龙纳斯教授			
日期	计划快速阅读章节	计划分析阅读章节	计划符号批注	计划写阅读纲目式笔记	实际完成章节
周三	4		4		
周四	4		4		
周五	4		4		
周六	感受真意趣、品味真道理、感悟真情味。写读书感悟				
周日	画思维导图（角度任选）				

同学们可以按照以上表格有计划地阅读。老师也做了一个简略纲目，同学们可以做参考。具体如下：

第1部分：第1章　飞逝的巨礁

1866年，怪事。各界高度关注。

原因：遇见梭子状物体，泛磷光，个头大，速度快，庞然大物。

1866年7月20日，加尔各答——布纳克轮船公司的蒸汽船，"希尔森总督"号，在距澳大利亚东海岸五海里处遇见大家伙。

猜测：以为是巨礁，喷出两根高五十尺的水柱，猜测是不为人知的海洋哺乳动物。

1866年7月23日，西印度洋——太平洋轮船公司"克里斯托巴尔·科伦号"在距上次发现处700海里的地方，发现这一物体。

半月后，在距上次发现的地点2000海里处，"海尔维蒂亚号"和"香农"号在美洲与欧洲之间的大西洋海域，北纬42度、西纬60度35分之处遇见350尺长的怪物。

报告接二连三，引发人们的热议。

1867年3月5日早晨5点蒙特利尔海洋航运公司的"莫拉维扬"号，在航至北纬27度30分、西经72度15分之处时，与这个家伙意外相撞，龙骨撞裂。

1867年4月13日下午4：17，"斯科蒂亚"号在西经15度12分、北纬45度37分的地方与一物相撞，吃水线以下一米宽两米的大洞，有规则的等腰三角形，铁皮裂口整齐，铁板4厘米厚。

结果：事故导致群情激愤，所有人理所当然地认为大怪物便是船只失事的罪魁祸首。

结论或人们的要求：应不惜一切代价，把大怪物清除掉。

这种阅读方法是以时间为纲，理清本章事件或内容，使学生对本章节的内容有一个更清晰的了解，避免因陌生的名字、名词太多而搞不清楚状况。

除了列出纲目，还可以加入人物形象分析。这个人是孔塞伊——阿龙纳斯教授的仆人。

总之，随着阅读的深入，可添加的内容越来越多，不是每一次努力都有收获，但是每一次收获都必须努力，愿每一位同学通过自己的努力，都能有所收获。希望大家都能够找到适合自己的阅读方法，让你的阅读变轻松，让阅读娱悦你的身心！

《简·爱》阅读指导

杨树萍

一、指导思想

语文课程标准指出，阅读是运用语言文字获取信息、认识世界、发展思维、获得审美体验的重要途径。阅读教学是学生、教师、教科书编者、文本之间对话的过程。基于"真趣"语文的教学理念，教师在教学过程要让学生感受到"趣"，从而让学生喜欢阅读，喜欢语文。

基于以上理念，在《简·爱》的教学实践中，我采取了下列措施。

二、阅读指导

第一步：视频激趣

播放英国1970版电影《简·爱》片段，请学生看视频，说说观看的感受。

交流预设：简·爱并不是很漂亮，但外表柔弱中却蕴含着一种坚韧。

第二步：阅读方法指导

1. 读导引，知概况

通过课本阅读指导、名著书前后的简介，包括作者简介、作品主题、艺术成就等内容，对本书内容以及作者有一个大概的了解。

内容概括：《简·爱》是九年级下册名著导读推荐的外国小说，是英国著名女性作家夏洛蒂·勃朗特的代表作，也是作者的半自传体小说。小说中塑造了一位自尊自强、勇于反抗、善良坚忍的女性典范——简·爱。故事背景为19世纪的英国，当时男权文化浸透很深，女性地位比较低下，在社会生活中常作为男性的附属品。但是，简·爱从未停止追求自我、平等、自由，她的精神品质值得赞扬与学习。

2. 快速阅读，理清情节

盖茨黑德府——寄人篱下的苦难童年；

洛伍德学校——八年艰苦的成长；

桑菲尔德庄园——一波三折的相爱过程；

沼泽山庄——人性与神权的斗争；

芬丁庄园——有情人终成眷属。

《简·爱》的故事情节一波三折，极具艺术魅力。根据地点的变换，可将小说分为盖茨黑德府、洛伍德学校、桑菲尔德庄园、沼泽山庄、芬丁庄园五个部分。阅读时，尽可能一气呵成地阅读完每个部分，明确其中的主要人物和主要故事情节。每一部分都可以运用思维导图的方式进行回顾。

3. 精品细读，分析人物形象

小说中，简·爱随着不同阶段的成长，形象越发饱满，小说中其他人物也极为出彩。在阅读时，可对这些人物的心理、动作、语言等描写做重点赏析，透过细节去分析人物形象。比如，以下课堂片段。

📖 **精彩片段（一）**

"我是不骗人的；我要是骗人，我就该说我爱你了，可是我声明，我不爱你；除掉约翰·里德以外，世界上我最恨的人就是你；这本写撒谎者的书，你还是拿去给你的女儿乔治·安娜吧，撒谎的是她，不是我。"

"我很高兴，你幸好不是我的亲人。我这一辈子永远不再叫你舅妈。我长大以后也决不来看你；要是有谁问我喜不喜欢你，你又怎么待我，我就说，我一想起你就恶心，你待我残酷到极点。"

思考并回答问题：这是简·爱在什么地方，什么情况下说的话？从这里可以看出简·爱是个什么样的人？

交流预设：这个时候她即将离开盖茨黑德府去洛伍德读书。这个时候，她觉得受到了侮辱，他们给她一本名为《撒谎者》的书，让她去看，让她不再撒谎，她十分生气。从这里可以看出，她是一个敢于反抗的人。

📖 **精彩片段（二）**

"当我们无缘无故挨打的时候，我们应该狠狠地回击；我肯定我们应该回击——狠狠地回击，教训教训打我们的那个人，叫他永远不敢再这样打人。"

（1）这是简·爱在什么地方，什么情况下对谁说的话？

交流预设：是她在洛伍德，海伦被欺负后对海伦说的。

（2）海伦是一个什么样的人？最终因为什么去世？

交流预设：隐忍、宽容、善良。因肺病去世。

📖 **精彩片段（三）**

"你以为我会留下来，成为你觉得无足轻重的人吗？你以为我是一架自动机器吗？一架没有感情的机器吗？能让我的一口面包从我嘴里抢走，让我的一滴活水从我杯子里泼掉吗？你以为，因为我穷、低微、不美、矮小，我就没有灵魂没有心吗？你想错了！——我的灵魂跟你的一样，我的心也跟你的完全一样！要是上帝赐予我一点美和一点财富，我就要让你感到难以离开我，就像我现在难以离开你一样。我现在跟你说话，并不是通过习俗、惯例，甚至不是通过凡人的肉体——而是我的精神在同你的精神说话；就像两个都经过了坟墓，我们站在上帝脚跟前，是平等的——因为我们是平等的！"

（1）在读哪几句话的时候是感情最强烈的？

交流预设：试读几个问号和感叹号的时候重点感受这里的语气。

（2）读的时候应该是一种什么感情？

交流预设：非常痛苦的感情。

（3）你是怎样理解"我的灵魂跟你的一样，我的心也跟你的完全一样"这句话的？

交流预设：表达了简·爱对人间自由幸福的渴念和对更高精神境界的追求。

（4）以上片段反映了简·爱怎样的形象？

交流预设：追求平等，自尊自爱的形象。

📖 **精彩片段（四）**

"我重复一遍，我欣然同意作为你的传教士伙伴跟你去，但不作为你的妻子。我不能嫁你，成为你的一部分。"

"你必须成为我的一部分，"他沉着地回答，"不然整个事儿只是一句空话。除非你跟我结婚，要不我这样一个不到三十岁的男人怎么能带一个十九岁的姑娘去印度呢？我们怎么能没有结婚却始终待在一起呢——有时与外界隔绝，有时与野蛮种族相处？""简·爱，跟我结婚你不会后悔的。肯定是这样，我们一定得结婚，我再说一句，没有别的路可走了。毫无疑问，结婚以后，爱情会随之而生，足以使这样的婚姻在你看来也是正确的。"

"我瞧不起你的爱情观，"我不由自主地说，一面立起来，背靠岩石站在他面前。"我瞧不起你所献的虚情假意，是的，圣约翰，你那么做的时候，我就瞧不起你了。"

小组合作探究，根据选文试分析简·爱的性格特点，并分析圣约翰的形象。
交流预设如下。

简·爱：

① 从她拒绝圣约翰的求婚一事中可看出简·爱自立自强，追求自由的性格；

② 简·爱答应可以陪圣约翰一起去印度，但不是作为妻子，从中可以看出简·爱善良真诚，有事业进取心。

圣约翰：

① 善良，富有同情心：收留颠沛流离的简·爱，给她找乡村教师的工作，并多次看望她；

② 有明确的人生追求目标，有牺牲与奉献精神，如深夜外出为一位临死的母亲祷告；为赴印度传教，主动学习印度语；

③ 刻板、专横，认为得简·爱适合做他的妻子，便一直强迫她接受自己的求婚。

三、了解背景，研究主题

作者创作《简·爱》时，英国已是世界头号工业大国，但英国妇女的地位并没有改变，依然处于从属、依附的地位。女子的生存目标就是嫁入豪门，即便不能生在富贵人家，也要努力通过婚姻获得财富和地位。女性职业的唯一选择是当个好妻子、好母亲。以作家为职业的女性会被认为是违背了正当女性气质，会受到男性的强烈攻击，从夏洛蒂姐妹的作品当初都假托男性化的笔名一事，就可以想象当时的女性作家面临着怎样的困境。而《简·爱》就是在这一背景下写成的。所以，这部小说出现的意义是什么？

交流预设：这本小说记述了孤女简·爱坎坷不平的人生经历，成功地塑造了一个敢于反抗、自尊自爱、自立自强、追求平等的女性形象，反映了一个平凡心灵的坦诚倾诉和呼号。同时，简·爱对不少女性读者的人生观、爱情观都产生了积极的影响。

四、课后练习

1. 阅读下面文本，完成下列各题。

"离开桑菲尔德，我感到痛苦，我爱桑菲尔德：——我爱它，因为我在那里过着丰富、愉快的生活，至少过了短短的一个时期。我没有受到践踏。我没有被弄得僵化。我没有被排斥在同光明、活力、崇高的一切交往之外。我曾经面对面地同我所尊敬的人，同我所喜爱的人，——同一个独特、活跃、宽广的心灵交谈过。我已经认识了你，现在感到自己非从你这儿被永远拉走不可，真叫我害怕和痛苦。我看到非走不可这个必要性，就像看到非死不可这个必要性一样。"

......

（1）以上语段节选自《＿＿＿＿＿＿＿》，作者是＿＿＿＿＿。"我"和"你"分别是作品中的哪两个人物？

（2）怎样理解"我的灵魂跟你的一样，我的心也跟你的完全一样"这句话。

（3）联系整部作品，分析"我"的性格。

2. 阅读下面文本，完成下列各题。

文段一："真的，我得走！"我有点恼火了，反驳说，"你以为我会留下来，成为你觉得无足轻重的人吗？……你以为，因为我穷、低微、不美、矮小，我就没有灵魂没有心吗？你想错了！——我的灵魂跟你的一样，我的心也跟你的完全一样！要是上帝赐予我一点美和一点财富，我就要让你感到难以离开我，就像我现在难以离开你一样。我现在跟你说话，并不是通过习俗、惯例，甚至不是通过凡人的肉体——而是我的精神在同你的精神说话；就像两个都经过了坟墓，我们站在上帝脚跟前，是平等的——因为我们是平等的！"

文段二：我心灵的回答——"立即离开桑菲尔德"——是那么及时，又那么可怕，我立即捂住了耳朵。我说："我不当爱德华·罗切斯特先生的新娘，是我痛苦中最小的一部分，""……要我义无反顾地马上离他而去却让我受不了，我不能这么做。"但是，我内心的另一个声音却认为我能这样做，而且预言我应当这么做。我斟酌着这个决定，希望自己软弱些，躲避已经为我铺下的可怕的痛苦道路。而良心已变成暴君，抓住激情的喉咙，嘲弄地告诉她，她那美丽的脚已经陷入了泥沼。

（1）下列各项对文段的内容理解不正确的一项是（　　　）

A. 文段一是在罗切斯特拐弯抹角地试探简·爱的心思时，简·爱勇敢地表达了心声。

B. 从文段一中可以读出简·爱勇于追求爱情，她坚信每个人在精神和人格上都是平等的，她追求的是两颗心的结合。

C. 文段二是简·爱在婚礼当天得知罗切斯特还有妻子后所做的激烈思想斗争，从中可以看出简·爱不舍得离开罗切斯特，她勇于追求爱情，这是她的最坚定的心声。

D. 所选的两段文字均是简·爱在不同的阶段要离开桑菲尔德庄园的语言或内心独白，都表现了简·爱勇于追求爱情，追求人格的独立与自尊。

（2）下列表述有误的一项是（　　　）

A.《简·爱》的作者是英国作家夏洛蒂·勃朗特，她是勃朗特三姐妹中最著名的一位。小说以第一人称叙述，是一部带有自传色彩的长篇小说。

B. 小说讲述了贫苦孤女简·爱为寻求人格独立、爱情和尊严而挣扎奋斗的故事。

C. 简·爱在爱情和独立人格精神面前，选择后者。离开罗切斯特是因为她要的是一份有尊严的爱；最终回到罗切斯特身边，是因为她继承了叔父的遗产，认为自己和罗切斯特在经济地位上是平等的了。

D. 小说塑造了简·爱这一女性，改写了英国传统女性温柔可爱、逆来顺受的形象，在19世纪欧洲文学史上留下了浓重的一笔，简·爱也被后世视为现代女性的先驱和楷模。

（3）下列关于名著和文化常识的表述正确的一项是（　　）

A.《阿长与〈山海经〉》中，"我"讨厌阿长的絮叨和烦琐规矩，但她对"我"讲述"长毛"的故事让"我"也对她产生了空前的敬意。

B.《简·爱》中，简·爱正沉浸在筹备自己婚礼的喜悦中，梅森突然出现了，他揭露了一个让人震惊的秘密—丹特上校的妻子还活着！

C.《水浒传》中，林冲不满王伦的做法，在宋江等人智激与协力下，一举杀死了王伦。这一精彩的情节，突出了王伦的小肚鸡肠和宋江的老谋深算。

D."诸子百家"是先秦至汉初各学派的代表人物及其著作。儒家的"仁"，道家的"无为而治"，兵家的"兼爱""非攻"，法家的"法治"……对后世产生了深远的影响。

第三章

教育随笔

"讳疾忌医"，后果自负

李爱芳

孩子是每个家庭的希望和寄托，是爸爸妈妈的心肝宝贝，试问世上哪一个家长不希望自己的孩子将来有出息？哪一个家长不盼望自己的孩子一切平安顺利？

不错，任何一个家长在孩子生病时，都会表现出焦躁不安，吃不好睡不下，辗转反侧，恨不能将病转移到自己身上，让孩子少吃点苦、少受点罪，快乐平安一辈子。

我也是一个家长，我也看着、陪着孩子一步步走来，一天天长大，对于家长的爱子之情，我感同身受。

身体生病了找医生，花再多的钱也要治，医生说输液就输液，医生说打针就打针，医生让怎样就怎样，做家长的绝对非常恭顺听话，绝对非常配合治疗。因为家长心里跟明镜似的非常清楚并坚信：医生所做的一切都是为了治好孩子的病！即使多开了些药、多花了点钱，家长也会理解医生是为了有备无患。只要能治好孩子的病，所有花费在所不惜。

一个孩子，从六七岁开始上学，小学、初中、高中、大学……从早上进入校园，到晚上离开学校，周一到周五，月初到月末，春夏秋冬四季更迭，一年中，差不多有三分之一的时间在学校里度过。

有的孩子身体健康，精神愉悦，这可谓是父母之大幸；有的孩子身体偶尔出现问题，交予医生用医药就可以治好，这也不是大事；还有一类孩子，身体健康，但心理不够健康，性格古怪，处事乖张，明眼人一看就知道这孩子病得不轻，可奇怪的是唯独家长看不清，甚至"讳疾忌医"。

老师想帮助孩子治疗心理上或者精神上或者行为上的疾病，家长就不高兴了。"你凭什么说我的孩子有问题？我的孩子好好的，我看是老师无中生有吧？或者是老师看俺孩子不顺眼故意找事吧？……"

记得五六年前，我教过一个女孩，看起来挺文静的，却因为拿酒到学校喝被同学检举。我叫来家长如实告知，家长不等我说完就极力辩驳："不可能，我女儿很听话很懂事，她不会喝酒，怎么可能带酒到学校呢？"

"她确实带了，还和同学在学校里喝了，有同学看到了……"我耐心解释着。

"不可能，一定是同学对她有意见，故意陷害她的，你告诉我，那个说她喝酒的同学叫什么？"看起来老实巴交的父亲很是生气。

"对不起，出于对同学的保护，我不可能告诉你学生的名字，再说也不是一个两个同学说的。关于你女儿在学校喝酒的事，我已经调查清楚了，你为什么这么确定你的女儿不可能喝酒呢？同学和老师跟她无冤无仇，为什么要陷害她呢？"父亲的表现让我觉得不可思议，我不由提高了声音。

"我说不可能就是不可能，我的女儿我了解，她绝对不会喝酒的！"女孩的父亲强硬地嚷着。

"你先别激动，作为老师，我们有责任告知你孩子在学校里的情况。我没有别的意思，就是希望家长能注意一下孩子的行为，及时纠正孩子一些不好的做法，这是对孩子负责。如果你质疑老师故意冤枉孩子，我可以把孩子叫过来，咱们当面问问孩子。"我努力地劝慰着家长。

"不管你怎么说，我就是不信！你把我女儿叫过来，我当面问清楚。"女孩的父亲坚持着自己的想法。

女孩来到办公室，朝父亲看了一眼，然后低下头走近我，我温和地问："有同学告诉老师说看到你带酒到学校，有没有这事？"

"有。"女孩犹豫一下后说。

"带过几次？你给谁带的？"我又问。

"两三次吧，我没给谁带，是我和××喝的。"女孩低着头，不敢看我。

"你瞎说什么？你怎么会喝酒？就是会喝也是在学校里和别的同学学的！"在一旁的父亲忍不住了，急忙打断了女孩的话。

"你会喝酒吗？什么时候开始学着喝酒的？"我再问。

"会喝，暑假去工厂打工，跟他们学的。"不知是不是女孩不懂父亲话里的意思，她没有理会父亲的暗示，如实答道。

听完女孩的回答，父亲气急败坏，"你跟我出来！"女孩的父亲恨恨地说，然后拉着女儿的胳膊出了办公室。

"你在老师面前胡说八道什么？"父亲压低了声音，显然是不想让我听到，可他却忘了孩子出门时忘了关门，声音还是从门缝里传进了我的耳朵。

"我没瞎说……"女孩还没说完，只听得"啪"的一声，清脆的耳光声响起。

女孩扭头进了办公室，她抬头看着我时，眼里噙着泪水。看到了女孩脸上分明的红掌印，我瞬间无措。原来只是想告诉家长孩子的表现，让家长多关注一点，却不曾想家长竟是这样一种反应。

女孩的父亲不告而别。直到今天我也不知道，他是因为女儿喝酒生气，还是因为女儿对我说了实话让他丢了脸面而生气。

但从那时起，女孩就三天打鱼两天晒网，无心读书。想到他的父亲是护犊之人，我也没有再敢惊动他。虽然我多次相劝，女孩还是八年级没有读完就辍学跟着大人一起打工了，叫了几次也没有叫回来。

一年多后，毕业考试时她又来了学校，一张本应清纯素雅的脸被抹得雪白，黑眼线，血红的嘴，两个大耳环晃来晃去，特别显眼。十六七的妙龄女孩，俨然变成了一个风尘女郎。

我不是八卦之人，这一年多，女孩到底经历了什么，我无从得知，我只知道，女孩因为有了一个"讳疾忌医"的父亲，花一般年纪的原本应该快快乐乐、无忧无虑读书的她，过早地踏入社会，被社会的污浊之气染过，却没有做到"出淤泥而不染，濯清涟而不妖"。

这事过去五六年了，我却会时常想起，不是因为我的记忆力好，而是因为在我二十五年的教学生涯里，在我任班主任期间辍学的学生只有三个，她就是其中一个。

试想，如果不是因为家长的过激反应，不是因为家长的"讳疾忌医"，孩子喝酒这点小事岂不是迎刃而解？

孩子成长的路上，肯定会遇到不同的诱惑，不管是老师发现了问题，还是家长发现了问题，双方相互理解，相互配合，一起想办法纠正孩子错误的想法或做法，帮孩子走上坦途，走上正路，最终不就能皆大欢喜吗？

说到这里，我不知道家长们是否能明白我的意图，我觉得有必要再申明一下。

老师和家长是一心的，不管你们信不信，我一直就是这样想的，也是这样做的。任何一个孩子，不管成绩是否优秀，不管是否调皮捣蛋，不管是否听话懂事，只要是我教他一天，他就是我的孩子。

我希望他优秀，但我更希望他健康；我希望他成才，但我更希望他平安。因为我知道，他可能只是我众多孩子中的一个，但他却是你们中某个家庭的全部。

请家长们相信，我用爱自己孩子的心爱着你们的孩子。任教二十五年多，我知道哪些是我应该做的，哪些是我不能做的；我也知道，我应该培养什么样的学生，培养什么样的中国人。我不会害任何一个孩子，也不会为了私利做有违教师职业道德的事。

不光是我这样想、这样做的，我相信这是所有为师者的心里话。

所以，当孩子有了"疾病"时，当老师发现了孩子的"疾病"时，请家长们一定要相信老师，一定要积极配合，一定不要"讳疾忌医"！除非你不爱自己的孩子！

要知道，你们的信任与配合，可以减少孩子走弯路的机会，更可以温暖老师们的心，增强老师们的责任心。

一味地"不信任"老师，一味地"讳疾忌医"，最终害的是你们自己的心肝宝贝。我不是危言耸听，如果家长们继续"讳疾忌医"，只能是后果自负。

经常被否定的孩子缺乏自信

李爱芳

龙是一个阳光的男孩，帅气、聪明、简单，不拘小节、大大咧咧，成绩出类拔萃，位居班里前五之列。按理说这样的学生应该属于招老师喜欢的角色，可就是因为他调皮捣蛋，自制力差经常被老师批评，成为老师教育其他同学的反面教材。

我教他是拜同事所托，同事是受家长所托，于是分班后我用我班的第一名换来了他，对他的要求自然就是考出男生第一名的成绩。

第一次考试，他没有考过跟他对换的那个男生；第二次，依然是让我失望。次数多了，他每次考试结束后，都能得到我的批评和指责。

"这次你又失败了，你真让我失望！"

"我对你越来越没有信心了，你还能实现你曾经的承诺吗？"

"我对你超过XX同学已经不抱希望了！"

"你太不给我长脸了，太不争气了！"

……

学习上没达到我给他设定的预期目标，纪律上他也经常给班级扣分。放学排队时说话疯闹，上课时交头接耳，下课时乱跑乱窜，整个一个孙猴子，没有一时能闲下来。

因为调皮，学习上对自己要求不严格，龙自然不光是挨我的批评，有时候这科老师批了那科老师又接上了，甚至被某科老师叫到办公室，所有老师"群起而攻之"，你一言我一语，大家语重心长，说得龙连连点头，表示定要痛改前非才罢休。

龙不记仇，对老师的批评似乎不怎么往心里去，刚挨完训转身就忘了，嘻嘻哈哈一如既往。

我一直以为，龙属于"给点阳光就灿烂"的类型，对这么调皮又没有自制力的龙理所应当要严格要求，只有这样才能督促他上进，使他成为出类拔萃的人才。

直到发生了这件事。周四中午开家长会，家长来了有一半时，我让龙帮忙往黑板上写一行字。显然出乎他的意料，他立马说："老师，我不行，我写不好。"我把本子放到他手里，说："谁说你写不好？我觉得你能写好。"龙看我态度坚决，只好拿起笔在黑板上一笔一画地写了起来。

刚写了五六个字，我就发现了问题——因为紧张，他把"学生的成功"写成了"学生动力"，我给他指出，他有些手足无措，急忙擦去再写。后面的他写得非常认真，字非常正规，我很满意。当他写完最后一个字转身面对我，把本子递给我时，我看到了他满脸的汗水。

"怎么出这么多汗？你还会紧张吗？"我笑着问他。

他不好意思地摸了一把脸，啥也没说，迅速逃离了教室。

家长会结束后我找到龙，问他当时为什么会那么紧张，他说有那么多家长在下面看着，他怕自己做不好。简单的交流，我看得出：龙现对自己的信心很不足。

让他回座位后，我陷入了深深的自责。我对这一年多来对龙的教育进行了反思：因为对他寄予厚望，"爱之深，责之切"，多次的否定竟然不知不觉中打击了孩子的自信心。龙因为经常被否定，自然而然就变得缺乏自信，这是我教育中莫大的过失啊！

好在醒悟得不晚，我还有机会修正教育中的偏差。以后，我要多给龙以肯定和鼓励，让他张扬个性，重拾信心，做一个阳光向上的男子汉！

"肯定"教育，事半功倍

李爱芳

拒绝"否定"，多加"肯定"，你将会拉近与学生的距离，成就一个出色的孩子。

——题记

《经常被否定的孩子缺乏自信》一文的主人公——龙，在我对他的"肯定"鼓励下，终于打了一个漂亮的翻身仗：在去年期末考试中取得了他读书生涯里最辉煌的成绩——全镇第五名。

龙的父亲来开家长会，对我说：老师，您比我们当家长的还了解孩子，孩子这次成绩的取得都是您的功劳，真的太感谢您了！可能感觉没完全表达出感激之情，家长会结束后，龙的父亲给我发来微信，感激之情溢于言表。如图3-1所示。

听到家长的赞美，我心里美滋滋的，但孩子的成绩都归功于我，我却是不敢当的。如果说我有点功劳的话，那就是我改变了以前总是否定龙的策略，通过各种方式给予了他更多"肯定"。我想，应该是这"肯定"变成了他发奋学习的动力，是这"肯定"让他变得更加自信。

图3-1 龙的父亲发来感谢的微信

记得以前，我总是能发现龙身上有诸多的问题：话多、喜形于色、调皮捣蛋、学习态度不端正、不勤奋、爱耍小聪明等，不胜枚举。

自从发现他的胆怯和不自信后，我一改往常对他的挑剔，对他的一些问题是睁一只眼闭一只眼，能不说就不说，能不责备就不责备。

原来对龙在课堂上不自觉发出的尖声、争论或者是不服气的声音，我都会适时提醒他注意态度和语气。现在，坐在教室后面备课的我，可能只是抬头看一下他，如果确定他只是情急之下才发出的怪异的声音，我就会低下头忙自己的工作，不再特意点名批评他。

对于课下龙有时在教室中肆无忌惮地哈哈大笑的行为，以前我会警告他：教室里不得喧哗！可现在我不再觉得惊讶或是不可理解，甚至看着他笑得手舞足蹈、前俯后仰，还有那一脸无法压抑的表情，我都会觉得很逗，忍不住跟着他笑起来。大家看着我笑了，也都跟着笑了起来。此刻的他不再让我生厌，反而成了大家的开心果，教室里不再死气沉沉，到处充满了欢乐。

课间偶尔碰到他与哪个同学追赶疯闹，我也不再是当头棒喝，厉声责骂，而是在他面前站住，瞅他一眼，他立马乖乖地回到位子上去了。

我不再每天盯着他找他的缺点，对他的小毛病也一笑置之。当我把这些看不惯的都看惯了，接受了龙的一些不完美，才发现这是双赢：我的心情好了，龙的状态好了！我的状态好了，龙的心情放松了！

应该说，自从我对他不再那么严苛后，龙确实发生了很大的改变，对我也不再那么害怕了，站在我面前也不再像以前那么紧张了，跟我聊天也放松了很多，自然而然也敢说实话了。

记得期末考试前，我分层找同学谈话，龙回答我的问题时，神色坦然自若，并且让我感觉到了他的诚恳。当我问他最近的学习状态时，他第一次说："还可以，英语课还是经常走神。"第二次说："行，感觉能学进去了。"当我问他晚上回家是怎么安排的时候，他说完自己的计划后，又说："我感觉自己比以前用功了，最近一段时间，晚上不知不觉能学到十点多了。"他的脸上不再有以前的迷惘和漠然，眼神里是满满的希望与自信。

记得那时听了他的话，我就感觉他一定会有很大的变化。如我所料，他也确实在期末考试中取得了自我接手他以来最优秀的成绩。

龙的变化，让我不得不反思自己的教育。有句老话说"恨铁不成钢"，一个"恨"字就足以表现出老师对学生的态度。是啊，屡教不改惹人恨，越"恨"越不喜欢他，越不喜欢就越看不顺眼，自然而然就少了肯定，多了批评；少了亲近，多了疏远。

而孩子们是最敏感的，老师对他们的态度，会让他们在心里衡量与老师的亲疏关系。老师喜欢他们，他们就喜欢老师；老师不喜欢他们，哪怕只是藐视地看了他们一眼，或者是不经意笑话了他们一句，就可能让他们直接拒你于千里之外。

亲其师信其道，学生离你远远的，又怎么可能心甘情愿地接受你的教导？这样看来，老师对学生的态度真可能会影响学生的一生，甚至可能改变他们的人生轨迹。

记得以前我总是告诫学生，不要把老师当成仇人，老师跟你们的家长一样，都是爱你们的，都希望你们好，期盼你们有出息。可不管说多少次，孩子们好像并不领情。

怎样才能让孩子们感受到我们对他们的爱？怎么才能让孩子们爱上我们？我想，最简单的办法就是给予他们"肯定"，用"肯定"拉近彼此的关系。只要孩子们在老师这里能感受到老师对他们的重视，老师让他们有满满的存在感与成就感，他们就会喜欢与老师相处，又怎么会反其道而行呢？

在今后的教育教学中，我一定要谨记今天的反思所得：光有爱学生的心还不够，关键是得让学生感受到老师的爱，工作中一定要用"肯定"拉近自己与学生的距离，让学生真正愿意接近我并且亲我、信我，最终才愿意爱我、顺从我。

如果能如我们所愿，我们还需要担心学生不听从吗？愿与志同道合之友共勉！

别让误会成为伤害

李爱芳

在我的读书生涯里，印象非常深刻的被老师冤枉误会的事情有三件。

第一件事：小学时我的一个班主任，一名女老师，不知道听谁说了我的坏话，让我的玩伴离我远点；为此我哭了好长时间，从此心里留下了害怕老师的阴影，一直到师范都未完全消除。

第二件事：初中的班主任开班会时，讲到唱戏的师傅狠狠责罚弟子时，我小声说了一句"厉害"，被老师当着全班同学面，不点名却含沙射影地大批特批了一顿，说我不尊重老师，还说要不是看我爸爸的面子，他一定不会管我。班会一结束，我就回宿舍蒙头大哭了一场，直哭得头疼。

第三件事：在师范学习时的班主任不知听哪个老师或者学生说我和班长在谈恋爱，周末把我们俩单独留下教育，结果原本没有任何恋爱征兆的我们，从那天晚上开始恋爱，我还记得从老师办公室出来，班长就拉着我的手跑到操场上，对我说：我们就像班主任说的那样开始交往吧！最终的结果是，这段初恋匆匆结束，没有留下太多的美好。

这三件事时时提醒我：对学生不要轻易下结论，不要因为不了解情况委屈了学生，误会了学生，给学生带去心灵的伤害，带去无法弥补的遗憾。

虽然时时警告自己，但却依然没有跳出那个圈子，时不时还会误会学生，冤枉学生。

周四批改作业，发现班里一个男生的作业书写潦草，想起两天前刚提醒过他一次要好好书写，才过两天乱写乱画的毛病又犯，我的火气忍不住涨了起来。

"赵××，你过来！你看看你的作业，这写了些什么呀？！跟你说了多少遍了要认真书写，你怎么就这么不听话？怎么就这么不长记性？"看着站在面前沉默不语的学生，我气呼呼地责备着。

"告诉我，你是不是故意气老师的？到底想不想好好学习？……"我越说越气，学生赵××抬头望着我，欲言又止。

"今天晚上回家，让你妈妈给我打个电话，我问问你妈妈，你到底在家忙什么！听到了没？"我看问不出什么，压着火发出最后通牒。

"嗯……"学生应了一声，低下了头。

晚上回家不一会儿，就接到了赵妈妈的电话。

"你好赵××的妈妈，我总觉得赵××这个孩子还应该更好一些，他的表现总是让我失望，昨天晚上作业又写得非常不认真，我想知道孩子晚上都忙些什么……"我毫不绕圈子，直奔主题。

"他……昨天晚上应该是在画一张画，画到很晚，应该是十一点多了，期间我去看过他一次，他困了趴在桌上睡着了，叫起来后他又接着画，画完后他说作业还没做，我让他休息他也不听，应该是写作业时有些着急了吧……"赵××的妈妈耐心地解释着，语气里全是歉意。

"原来是这样啊，这孩子，我批评他时他什么话也不说。这事怪我没调查清楚，请代我转告孩子我的歉意，是我的失察委屈了孩子，误会了孩子；请告诉孩子，我相信他是一个听话的孩子，这学期他一定会有很大的变化，成绩一定会突飞猛进的。告诉他，老师在与他一起努力，给他加油哦！"

放下电话，我陷入了沉思。我想起来白天收"庆祝新中国成立70周年"绘画的情景：赵××的绘画一丝不苟，构图线条流畅，水彩配色细致，书写认真正规，一看就知道下了很大功夫。我当时只惊讶于他的绘画天赋和认真态度，却没有细算他用了多长时间，才拿出来这样一幅杰作。

如今想想这孩子，让我莫名地感动。他一定是因为对我亲自点名交给他的任务非常重视，才下大气力，花长时间认真对待，想给老师一个好印象。感动之后有点心酸，有点难过，没想到他如此精美的绘画没得到表扬，而熬夜写的作业却让他挨了批评。

孩子，我想象得出，在被我批评的那一刻，你该有多么委屈啊！

我为自己冒失的批评而感到后悔，"己所不欲，勿施于人"说起来简单，做起来却非常难。看来，教育反思是我一辈子要做的，教到何时，反思到何时！

但愿我们的教育只有爱，没有伤害！哪怕是严厉的爱，也好过温柔的委屈和冤枉！写下此文，以此为鉴，时时为戒！

承认个体差异，教师才不会太累

李爱芳

今天下午，听了华南理工大学宋广文教授的《走向科学化的个性化教育——学生心理的科学认知与教育的智慧》讲座，我茅塞顿开，突然之间发现，好久好久以来的坚持，竟然是如此不堪一击，如此可笑。

原来，老师不可能教好每一个学生，这不是老师的错，而是与学生的个体差异有很大关系。学生学习成绩的好坏，70%的原因来自遗传，只有30%来自教育。

听了宋教授不断用例子来说明的道理，我心里多年的疑惑与压力，倏尔消失殆尽。

一直以来，社会各界对老师的要求非常高，期望值非常大，他们用"没有教不好的学生，只有不会教的老师"来鞭策老师，我也不知不觉中把这句话奉为我教学工作的经典语录和指导思想，时时刻刻严格要求自己，也时时刻刻严格要求学生。

学生不会做阅读理解，我不信；学生说不会写作文，我不信。我曾经对学生说：学了八九年的母语，你怎么可能读不懂文章呢？怎么可能不会写作文呢？除非是你不想读懂，不想写作文！只要你是个正常人，你就必须读懂文章，知道文章所表达的内容，你就必须会表达自己的意思。

可是，我无论怎样努力地教他们阅读方法，教他们写作技巧，有学生依然言不成句，词不达意，思维混乱，答非所问。

每每这时，我就不由得生出一股无名火，指着卷子大发雷霆：为什么讲了这么多次，你就是没有进步？你为什么不能认真听？你为什么不能用心学？

如今思之，学生学不会，做不出，未必就怪他们。可能不是他们不想学会，而是他们真的就学不会。试想，如果一听就懂，一学就会，哪个学生不愿意取得优异成绩，让自己扬眉吐气？哪个学生愿意整天被老师批评，被家长责骂？

因为之前没有研究过学生的遗传差异，只是一味地坚信"每个人的智力都是差不多的，不要为自己的懒惰找借口"，结果自己上火生气伤了身体，学生被批被骂难过不已，得不偿失。

宋教授说：人和人是不同的，有人擅长运动，有人擅长歌唱；有人语言发达，有人记忆力强；有人形象思维突出，有人逻辑思维明显……如果能认清这一点，那么老师们在教育工作中就不会那么烦、那么累了。

真庆幸我今天听到了宋教授的讲座，及早弄明白了"人是有个体差异"的这一点，这将对我今后的工作方法和对学生的态度，起举足轻重的作用。

承认学生的个体差异，不去为难自己，不去为难学生，解放自己的内心，释放自己的压力，让自己的教学更科学化，让自己的教育更具智慧，让学生更健康快乐地成长！

为此，吾将每日三省，吾将不懈努力！

如何做称职的家长

李爱芳

下午，校长打来电话，闲聊几句后，就直奔主题：让我以一个优秀教师的身份或者说专家型教师的身份，谈谈作为家长如何教育孩子，给家长们一点家庭教育方面的方法指导。

对领导安排的任务，不管是不是我能胜任的或者擅长的，我一直都不习惯说"不"，所以想也没想就答应了。

放下手机，我突然蒙了：自己的儿子学业不精，没有建树，在孩子教育上，我是不成功的，我有什么资格跟家长们谈孩子的家庭教育？又怎能对家长们指手画脚？

我想给校长打电话，马上辞了这个任务，可犹豫再三，还是放弃了。谁规定了只有考上名牌大学的家长才有资格谈孩子的教育？谁又规定了学习成绩不优秀的孩子都不是好孩子？

我们的孩子，成绩优秀的毕竟只能有百分之十或者二十，剩下的百分之七八十，最后也不过是成为平凡的普通人，再说，普通的孩子只要长大后能做个好人，做个对社会有用的人，这难道还算不上成功的教育吗？

这样一想，我底气足了不少。

我21岁的儿子，已经于去年开始实习。一个月两千多一点的工资，但他从未想过放弃，依旧热爱自己的工作。他在平凡的岗位上发光发热。

第一个月的工资，他给家里每个人都买了礼物，工资不够还动用了以前攒的压岁钱，让爷爷、奶奶、爸爸和后妈都高高兴兴的；工作了三四个月，他想换电脑，我故意只援助了他一部分，让他分期付款，每个月从工资里扣；快过年时，儿子说他同学的爸妈对他好，他工作了、挣钱了应该去看看他们，他就带着酒、奶和水果去同学家看望他们的父母；年前我给他买新衣，一件衬衣六七十，他说很好，一件外套花四五百，他直嫌贵了……

就在前几天，儿子谈起他同父异母的弟弟，摇头说真是让他爸妈惯瞎了，后面紧跟着来了一句"我特别庆幸妈妈你一直在我身边管着我"，我听了，心潮澎湃了好一阵子，这是儿子第一次对我的教育给予高评价。

不挑吃、不挑穿、不攀比，认真对待工作，孝敬老人，懂得感恩，这样的孩子，难道不就是我想要的吗？

曾经听一个教育专家说过这样一段话：我们的父母做梦都希望我们能成为一个了不起的大人物，二三十年后他们都失望了，因为我们成了普通人；于是我们就把这希望放到我们孩子的身上，可二三十年后，我们依然会失望，因为这个世界上了不起的大人物毕竟是凤毛麟角。

既然这样，我为什么要对成为普通人的儿子全盘否定呢？既然不能否定儿子，那么我们是否可以不再全盘否定家庭教育呢？

优秀孩子的家长谈如何把孩子教育得那么优秀，我呢，就结合我的做法或者所见所闻，谈谈如何让孩子成为一个明理懂事、知道感恩、勤奋上进的人，希望能对一部分家长有指导作用，那也就不枉校长的一片苦心和我的一腔热情了。

我结合着自己的亲身经历，总结反思后，得出了作为家长要做到"四要六不要"的经验教训。

一、"四要"

（一）要孝敬父母并与兄弟姐妹和睦相处

如果我没说错，我们的孩子在小学时就开始背诵《三字经》《千字文》等传统文化文章，对于里面的内容，孩子们耳熟能详。

《三字经》中"……孝于亲，所当执。……弟于长，宜先知。首孝悌，次见闻。……父子亲，夫妇顺。……父子恩，夫妇从。兄则友，弟则恭。……"讲的就是父母慈子女才能孝、兄友爱弟才能恭敬、家庭和睦家人才能幸福。

孩子们尚且懂得的道理，如果家长却不懂或者说懂了却不去做，平日里轻视老人，冷言冷语，让父母心寒，兄弟姐妹间经常为一点小事就斤斤计较、恶语相向，一家人不团结、不和睦，又怎能给孩子做正面的榜样呢？又怎能让孩子看得起你们这当父母的？

所以我认为，想让孩子听话，首先是父母必须做到让孩子信服。"百善孝为先"，当父母的做到了孝，孩子又怎能不孝顺你们呢？又怎能不听从你们的教导呢？

孩子"听话"是我们教育孩子的基础，孝顺父母、兄弟团结、家庭和睦是我们家长让孩子"听话"的基础，所以想让孩子听从你的管教，就先从自己孝敬父母做起吧。

（二）要制定家规，营造"家文化"

家是最小的国，国是最大的家。从这个意义上说，"家文化"大方面是指一个国家、一个企业的文化，小方面来说是一个家族、一个家庭的文化。"家文化"是传统文化中最大的内容，也是最主要的部分。

一个家应该有怎样的文化，就在于家长制定的家规。家规可以体现一个人所受教育的水平，但也不是完全与教育水平高低有关。

小时候家穷，我的妈妈一天学也没上，除了自己的名字外，恐怕也就能认识"一二三"这几个字，但她却教育出了我这样一个"桃李满天下"，充满爱心和责任心的老师。

记得我七八岁时，偶尔听见我大舅说我二爹的闲话，就跑到我奶奶家传话，结果弄得两家大吵一架。妈妈知道后，手里拿着蜡条狠狠抽了我两下，我跑了后她还一直追了我很远。她用棍棒教育我做人不能饶舌，非礼勿视，非礼勿听，非礼勿做。

妈妈的规矩还有很多：吃饭时必须都到齐了才能坐下，大人不动筷子孩子就不能动；吃饭时有窝窝头和馒头，不能先挑馒头吃，爸爸干活累，好吃的应该先让他吃；家里有客人，我和弟弟必须离远点，等客人吃完了端下来我们才能吃；去玩伴家，人家父母给的东西，必须带回家给妈妈看看，不能自己偷着吃，因为得回赠人家；大人说话小孩子不能插嘴；大人责骂小孩不能顶嘴；等等。

现在想想，妈妈当时对我的教育，其实就是我们的家规，用现在的话说就是"家文化"。

一个家如果没有一点规矩，孩子自由任性，愿意干啥就干啥，说好听的是家规不严，说不好听的就是缺少教养。都说孩子是父母的缩影，如果孩子被别人骂"少教"，这个责任在谁？难道不是当家长的责任吗？

所以，我觉得一个家有"家规"，有"家文化"，是教育好孩子的第二个重要保证。

（三）要率先垂范做个好榜样

学校老师一直教育孩子远离"毒赌"、远离手机和游戏，认真读书学习，长大做个对国家有用的人。

孩子在学校可听话了，不让带手机就不带，每天认真学习，可是一回到家，就想方设法地拿到手机，聊天、游戏、看视频……玩得不亦乐乎，什么学习啦，写作业啦，早就抛到耳后去了。

孩子为什么会这样？我觉得跟家长关系很大。试问一个家从来不看电视，孩子怎么会迷恋上追剧？一个家从来不玩手机，孩子怎么会痴迷手机游戏？一个家从来不打麻将，孩子又怎么会对赌博感兴趣？

当然，我不是说孩子不学好都是家长做了坏榜样，但也不能否认，有一部分家长，平时确实没做到以身作则、率先垂范。可以肯定地说，我儿子迷上玩游戏，就是受了他喜欢玩枪战的爸爸的影响。所以，发现孩子有这方面或者那方面的问题时，劝家长们首先静下心来反思一下自己，是否给孩子做了反面榜样。

（四）要多看点书多传播正能量

我的爸爸已故五年多了，但是想起他我就觉得佩服。我爸爸读书少，在农村当过木匠，开过果园，养过猪，一辈子奔波辛劳，但他却从来不说丧气话，也从来不发牢骚。

我读书时周末回到家，爸爸就经常拿出一个本子或者一本书，问我这个字怎么读，什么意思，这句话怎么理解，等等。他六十岁时开始养起了猪，得空时他就捧着养殖书看，后来规模越来越大，家庭小作坊式的养殖规模竟然达到了一百多头猪。

一个普通的老农民，无论多累多难，经常对我说的话就是国家政策好，我们都是有福气的人，以前吃不上穿不上，没想到现在能过成这样，真心感谢毛主席，感谢领导、感谢党！

一个老父亲，给我树立了永不服输、努力向上的榜样，所以我特别尊敬他、感激他。因为他对我的影响，我在工作中勤勤恳恳，积极上进，才取得了优异成绩，获得了诸多荣誉。

如今的我，就像当年的父亲一样，业余时间多看书，多长知识；工作中积极向上，不轻言放弃；生活中不说反动话，多传播正能量。我要用我的实际行动，给我的儿子做个榜样，引导他在人生路上不折不挠，勇往直前。

同样作为家长的你们，是否可与我共勉？

二、"六不要"

（一）不要把孩子交给老人带

把孩子交给老人带，作为父母，你们可能得到了一些自由工作或者自由生活的时间，可是，对于孩子来说，你们这是不负责任的表现。

在教育孩子上，我就曾经吃过这方面的亏。年轻时工作特别要紧，为了一心一意带学生，感觉照顾孩子有些累，孩子刚上学，我就把孩子交给老人带了一年半。儿子原本应该在我身边、在我的指导下养成好的学习习惯，却因为我的不负责、因为老人的娇惯，变得飞扬浮躁，学习习惯极差。

如果时光倒流，我对天发誓，绝不会再把孩子交给老人，我要陪他学习，陪他游戏，给他讲故事，帮他养成各种好习惯，做一个尽职尽责的好妈妈。

（二）不要给孩子过度的自由

教学二十五年半，以我的经验来看，十个学生中能有一个自律的就很不错了。

"自律"是"自由"的前提，不懂得自律的孩子，作为家长，你再给他过度的"自由"，最终结果怎样，不用我说大家也能明白。

我儿子就不是一个自律的人。记得高三时，他去了省城学习。他说手机太旧了，不好用了，打电话都得借别人的，我于心不忍，就给他买了一个新的；他说培训班太偏僻，周末时间太无聊，想带电脑去，看着他委屈的样子，我最终答应了。

我给了他想要的自由，却忘了他的不自律，离专业考试还有二十天，培训班老师打来电话，说他晚上玩电脑到很晚，白天有时逃课睡觉，有时干脆请假在宿舍偷偷玩游戏。

我给他打电话，发了疯地骂他、责备他，可是一切都已经来不及了，他最终没能过美术专业本科线，后来只能放弃学了三年的美术专业，去了一所普通的学校。

用我教子的失败、用我儿子曾经的"堕落"做大家的前车之鉴，就是他看到了或者听到了我在揭他的短，相信他也能理解我的良苦用心。希望家长们能把我的话记在心里，对不自律的孩子一定不要给他过度的"自由"，否则，只能害了孩子，误了孩子的前程。

（三）不要经常在孩子跟前与人攀比

怎样才能让自己的生活幸福快乐，最好的办法就是在生活中不要经常与人攀比，尤其是在孩子面前。

说实话，早些年我的家庭经济一直不怎么样，经常处于捉襟见肘的境况。我的闺蜜生得好也嫁得好，一直不缺钱花。年轻时我们经常一起逛街，她陪我去小店铺逛，我陪她去大商场买。她买的衣服和鞋子，全都是名牌，一次花销有时能顶得上我一年在服装上的花费。可我不嫉妒、不攀比，只要自己喜欢，就不管是什么牌子。

在我的影响下，我儿子从来不要名牌，两套衣服就能过一季，从来没在吃穿上跟人攀比，我对此甚是满意。

说到这里，我想起了两三年前教过的一个学生。他的爸妈是农民，每天早出晚归卖菜，因为不给他买阿迪达斯运动鞋，他就又哭又闹，在家躺着不起床、不上学。

后来我注意到，这个孩子的妈妈经常在朋友圈里晒图炫耀，收到个生日礼物晒一晒，做顿好饭晒一晒，棚里收获了晒一晒……现在想想，孩子之所以非得要名牌，估计应该是受她的影响吧。

所以，作为家长，如果你喜欢跟别人攀比，那么孩子在你潜移默化的影响下，也会变得爱慕虚荣，喜欢攀比。

（四）不要在孩子面前吵架互相攻击

人生在世，不可能事事如意，处处称心。夫妻之间很少有不争吵的，但是，最好不要守着孩子吵，更不要互相谩骂、互相攻击。

在这方面，我做得不好。我的婚姻是一个错误，两个心意不能相通的人，很难相处一辈子。我和前夫从小吵小闹到大吵大闹，从孩子后吵到孩子前，从一个月一小吵到十天半月一大吵，从小声吵到大声，从卧室吵到厅堂。随着吵架的升级，孩子从原来哭着劝架、手足无措变成了一个人默默躲到楼上不管不问，现在想想，孩子该是有多伤心难过啊！

当我和前夫决定离婚时，13岁的孩子只说了一句话：妈，你们真的过不下去了吗？儿子听到我肯定的回答后，接着又说了一句：我帮你收拾东西。当时我觉得儿子特别懂事，现在才明白：儿子面对爸妈的多次吵架，他是多么无助，最终又是多么失望啊。

我离开家后，儿子跟着他爸爸生活了四个多月，学习成绩迅速下降。我用变更抚养权吓唬、逼迫前夫把孩子交给了我，然后儿子就一直跟我一起生活、一起上学。

过来后的儿子一改以前的听话懂事，变得特别逆反，我能感觉到他心里对我的仇视，仿佛离婚责任都在我，他曾说是我抛弃了他。

我用了四五年才温暖了孩子的心，让他看清楚了我的为人，让他不再仇视我，不再仇视任何人，让他变成了一个正常的人。

孩子成长中的痛，我们感同身受，可这些痛苦原本孩子不应该承受，是谁让孩子的人生变得这么沉重？是谁让孩子的心理变得不再健康？是我们这些当父母的！

父母之间的互相诋毁、谩骂和攻击，伤害最深的就是孩子。人生不能重来，世上也没有后悔药，希望我的经历能给大家做个警示，不要重蹈我的覆辙。

（五）不要经常否定孩子

不管大人还是孩子，都渴望被别人，尤其是自己在乎的人肯定和赞美，这会让孩子变得自信、阳光。

接触过几个特殊的孩子，不，应该说是"特别"的孩子，在学校里、在老师面前，特别有礼貌，每次见到老师总是停下、立正、深度弯腰、鞠躬，老师批评从来不顶嘴，听话懂事。这样乖巧的孩子，家长却说其有两重性格：在家里非常偏激，不敬老人，不孝家长，经常顶嘴，经常无理取闹，没法沟通，最后家长下结论说孩子在学校里的一切都是装的……

孩子在家里和学校为什么会有这么大的差距？通过与家长、孩子交流，我发现：孩子在家里经常被否定是主要原因。

一个女孩曾经这样抱怨自己的母亲：总是把我跟姨姨家、舅舅家的哥哥姐姐们相比，说我多么多么不如他们。我也想好好学呀，我也想给她争光呀，可每次从她的眼神当中，我总能看到深深的失望。

是的，经常不被认可，经常被指责，孩子怎么会感受到温暖，又从哪里能得到信心和力量？都说父爱如山、母爱似海，可父母对孩子的爱，不仅仅是为孩子提供衣食住，更重要的是为孩子提供精神力量，为孩子健康快乐地成长保驾护航。

家长是孩子最大的依靠，就让我们从现在开始，摒弃嫌弃和不满，多给孩子鼓励和表扬，让我们的肯定成为孩子不断战胜困难的动力吧。

（六）不要做"刀子嘴豆腐心"的父母

俗话说："良言一句三冬暖，恶语伤人六月寒。"刀子嘴说出的话往往不合时宜、尖酸、刻薄，就如一把利剑，刺伤孩子脆弱的心灵。

作为家长，不要以为教育孩子必须用粗暴的语言才能成功；有时婉转的语言，也能把事情处理得非常圆满。

当父母的嘴上不饶人，心再善良，缺乏理解力，孩子又怎能体会得到？想让孩子成为一个善良的人，做家长的一定要记住：平日里有事说事，不要把自己的"伶牙俐齿"用在孩子身上，不要讽刺、挖苦孩子，真爱孩子就要让孩子体会到，不能给孩子造成不必要的误解。

两个晚上熬到深夜的呕心沥血之作，让我深刻反思了自己在家庭教育中的得失。仓促写成，也许会有不当之处，请家长们不要见怪，有则改之无则加勉。

如果能对大家教育孩子有点帮助，我就得偿所愿了。

说谎，乃"堕落"之始

李爱芳

趋利避害，人之本性，小到咿呀学语之童稚，大到历经沧桑之成年人。

犹记得，吾儿幼时刚会坐，煮好鸡蛋拿到桌上，其伸手去取被烫，急忙抽回小手，以后遇之，必用手指轻触一下，试试冷热。

如此幼小，尚且懂得避害，况慢慢懂得人世情理之孩童。

诚实诚信，自接触孔孟之道初，师长皆会教导，可受之、慎之、遵之又有几人？

凡能谨慎遵之的孩子必能崭露头角，出人头地，鹤立鸡群般佼佼立于众人之中。

例如，老师布置作业要求背默文章，佼佼者必用心背诵并默写出来，断然不会滥竽充数，亦不会自欺欺人。

普通众生如何处之？抄写一遍足以，其余时间则悠哉悠哉，熙熙而乐，家长问之，回答曰"完成"，老师检查，交上本子应付了事。

一次两次，一天两天，天天应付，天天说谎，检测之后必墙倒鼠显，自然无法面对满含希望、殷殷教导之父母。

为减少"罪责"，趋利避害之本性又开始作祟，考不好原因亦千奇百怪：同桌不好、座位靠后、听不清老师讲课、老师不提问自己、老师水平有限、老师不喜欢自己……唯独不反思自己的问题，亦从不想是因为自己说谎导致自己踏上自毁不归路。

一再说谎骗自己，一再说谎骗家长，一再说谎骗老师，最终害的是自己！

吾生们，吾爱"说谎"之生们，该醒醒了吧？！

学习上"说谎"已成习惯，推而广之，其他方面又岂能不说谎？

违反了纪律，怕老师批评，又感觉无颜以对其他同学，信誓旦旦骗老师说没有，把责任推到监督员身上，好像别人是嫁祸自己，委屈可怜，涕泗横流，以博得老师的同情，取得宽容。

终于事情败露，说谎者失了诚信，也失了别人对其的信任。一次两次，一天两天，日积月累，"堕落"自然不请自到。

因"说谎"，先是毁了自己的学业，再就失了自己的诚信。一步一步，最终"堕落"！

一个没有诚信之人，又怎能顶天立地？一个没有诚信之人，又怎能建立丰功伟业？

由此可见，"说谎"，乃"堕落"之源，乃"堕落"之始，切记切记！

一厕不扫何以扫天下

李爱芳

昨天考了一份语文试题，其中一道题是针对某学校安排学生打扫厕所一事谈看法，本以为这个问题应该是一个答案，谁知卷子批下来，竟然发现有不少学生持反对态度。

找了如下几个典型的例子。

第一个同学认为应该锻炼，但是这种锻炼不好。从字面感觉他对打扫厕所是拒绝的、反感的，但没有明确说。在他的观念里学校只是学习的地方，劳动必须适度，打扫厕所这种事超过"度"了。

第二个学生直接表示，认为这样会让她对劳动产生反感。她认为学生是打扫不干净厕所的，学生上完厕所就应该拍拍屁股走人，剩下的事就找保洁人员来做。

第三个学生的态度更强硬，他坚决反对学校让学生打扫厕所，他觉得学生到学校来就不应该劳动，劳动锻炼在家就行，学校让学生干活是对学生权利的侵犯。他认为学生在学校就应该像在家里一样，衣来伸手饭来张口，所有的脏活累活都是"学校"干，他说：打扫厕所这样的事，学校不干为什么让学生干？我猜这个学生心目中的学校应该指的是老师，他觉得打扫厕所这事应该让老师做，在他的心里，学校不是他的家，学校是老师的家，老师挣着工资，自然就应该打扫厕所，你老师不打扫，为什么让我们打扫？好像厕所他从来不上，或者是上了厕所也是学校的厕所，就应该他上完了厕所老师去打扫好。因为在家里父母都是这样做的，每天给他整理房间，每天跟在他后面给他"擦屁股"，厕所脏了也就得父母打扫。他还说了，学校不干就雇人啊，意思是老师不做就应该花钱雇清洁工做，他们在家是皇帝，在学校是上帝，皇帝和上帝怎么能去打扫厕所呢？

反思我们的教育，确实存在着问题，但仔细分析一下，难道学生产生这些想法，仅仅是学校教育的问题吗？学生的观点难道不是家庭教育的外在表现吗？对孩子来说，家庭教育更重要。而这三个学生的家庭都有其不普通的地方。

第一个学生的爸妈是他的姨和姨夫，他姨的孩子二十多了出意外去世了，他妈就把他过继给了他姨。他姨中年丧子，所以对他宠溺有加，捧在手里怕摔着，含在嘴里怕化了，已经初四的学生了，只爱玩游戏，学习上特别懒惰，以至于不想写作业，都让他姨到学校找老师，不让老师管他。尽管他认为学校就是学习的地方，但却对学习没有丝毫兴趣。

第二个学生是个女孩，父母离异，爸爸重组了家庭，妈妈天天在外地打工，就把她交给了她姨。她姨对她不能真管，索性让她自由自性，随心所欲。她妈妈觉得亏欠孩子，所以有求必应，使她在经济上比较宽松。由此她娇纵任性，把老师的忠告视若耳边风。

第三个学生家里是开商店的，经济条件很好，父母对他过分宠爱。在他的字典里可能就没有"自强"这个词，凡事都有父母给处理，凡事都用钱去解决。

教育孩子不单单是学校的责任，家庭教育对孩子的影响更加深远，有什么样的家教可能就教育出什么样的孩子。一个处处和学校、老师对着干的家长，怎么可能培养出一个积极向上、充满正能量的孩子？一个自私狭隘的孩子，又怎么能成为家长老年时的依靠？

所以，家长们一定要重视！切勿把溺爱当真爱，误了孩子的一生！

引领成长　成就精彩

张冬蕾

教育是一个民族的未来，教师承托着民族的希望。师者，传道授业解惑，责任重大，使命光荣。在教育教学工作中，我们始终秉承着这样的理念：成长比成功更重要。作为教师，我们要引领学生不断前进，成就精彩人生。

做一名学生喜欢的老师，能力很重要，但是有一样东西比能力更重要，那就是爱。常言道：浇花要浇根，育人要育心。教师采取行之有效的措施，将一腔真诚的爱播撒在学生的心田，一定会像甘露一般滋润他们的心灵，奏响一曲曲欢快的歌。

在人生旅途中，我们会遇到很多引路人，他在风雨中没有夸张的动作去守护你，但是他却会用一个让你最感动的方式给你最大的支持和引领，这种支持和引领就是你前进路上最大的收获。

教师要用最深厚的爱创造最伟大的奇迹。用信任取代恐惧，用信赖夺得依靠，用公平树立榜样，用勤勉督促成长。例如，在《第56号教室》中雷夫老师用最原始的爱营造了一个快乐的天堂，用爱心和智慧浇灌每一个学生的心田。第56号教室已经作为一个具有象征意义的符号，在不断地扩散、延伸、传播。雷夫对学生们的爱，以及他对教育的热情，比火焰还要巨大，还要炽热。

正如尹建莉所说："一间教室能给孩子们带来什么，取决于教室桌椅之外的空白处流动着什么。相同面积的教室，有的显得很小，让人感到狭隘和局促；有的显得很大，让人觉得有无限伸展的可能。是什么东西决定教室的尺度——教师，尤其是小学教师。他的面貌，决定了教室的内容；他的气度，决定了教室的容量。"由此可见，有限面积的教室容量其实可以是无限的。第56号教室就是最好的证明。

在商品经济飞速发展的今天，诱人的快捷方式和立竿见影的心态让"十年树木百年树人"的教育理念面临极大的挑战。从来自大洋彼岸、从未知晓的老师的书中，我们读到了很多熟悉的东西。教育不分国界、不分种族，教育理应从本质出发，抛开一切世俗的经济观念，脚踏实地的用心前行。

假如你命该扫街，

就扫得有模有样，

一如米开朗琪罗在画画，

一如莎士比亚在写诗，

一如贝多芬在作曲。

一、教师在提升成绩的同时，更应重视学生品质的培养

教育无小事，这是人们普遍认为的；教育也无大事，这也是被我们一天天的教育生活所证明了的。单调重复的学校生活常常让我们忽略了天天发生在身边的小事。这些所谓的小事其实是铸就孩子魂魄的基石。教师对教育和学生要有信徒般的坚持，父亲般的亲切，哲人般的敏锐，专家般的自信，战士般的勇敢。这样我们的教室会变得开阔无比，变成一个任由孩子们自由舒展、健康成长的乐园。

教师可以帮助孩子成为一个品质高洁的人，一个有着怜悯心、敢于承担义务的人，一个有勇气、充满活力、正直的人。为了达到这一目标，教师必须有爱：给学生更多的爱、给学生更多的关注、给学生更多的时间。鱼会游泳，鸟会飞翔，人会感知。教育学生要用人道的方法：教给孩子待人接物和为人处世的方式和方法。我们必须以身作则为学生树立一个正确的榜样：先成人后成才，要勤勉、谦逊。我们必须让学生知道并认同：没有一蹴而就的事情，我们应该奋斗，尽可能表现最佳，去赢得我们所希望拥有与达到的境界。

如果我们想要在庸庸碌碌的世界里培养卓越非凡的孩子，我们就要有爱心和耐心，同时充满热情和力量，坚持不懈，以身作则。那样优秀的品质才能在他们的性格与灵魂中扎根。

无论哪个孩子，当他出生的时候都有优良品质的。他在成长的过程中，会受到很多影响，有来自周围环境的影响，也有来自成年人的影响，这些优良的品质可能会受到损害。所以，我们要早早发现这些"优良品质"，并让它们发扬光大，把学生们培养成富有个性和优良品质的人。

二、教师在教育过程中，要引领孩子养成阅读的良好习惯

培根说过："读书足以怡情，足以博彩，足以长才。"养成良好的阅读习惯，通过阅读，可以接触形形色色的人、了解各色各样的事，领略五彩缤纷的景，感悟丰富深厚的情。阅读世界里的博大精深，给我们提供辽阔的远景。通过这扇窗户，孩子们会用不同的眼光看世界，敞开心扉接受新观念，踏上光辉的大道去远行。

学问变化气质。我班有个女生大大咧咧的，但是写出来的文章却温柔细腻。都说文如其人，但是这位女生却颠覆了这一观念。有次和这位女生交流得知，她酷爱阅读，家里的书架上满满的全是文学方面的书籍，闲暇之时就坐下来读书。时间长了，自己就融入了作品，和作品里的主人公同呼吸共命运。久而久之，心思就细腻了。写作文时也不会因为找不到材料而佶屈聱牙。中学生因为年龄相近，所受教育程度相近，读的书大致相同，所以写作文往往大同小异，难以出彩。这就提醒我们，在细心观察平日生活的同时更要注重阅读，精读书报，扩大阅读视野，这样学生在写作时才会"旧瓶装新酒"，给人的感觉才会新颖。活学活用阅读所得，就会收到意料之外、情理之中的效果。

阅读如涓涓溪流滋润我们的心田。"我要我的学生爱上阅读。阅读不是一门科目，它是生活的基石，是所有和世界接轨的人乐此不疲的一项活动。"如果我们希望我们的学生与众不同，能考虑他人的观点、心胸开阔，阅读是一个必要的基础。因为热爱阅读的孩子必将拥有更美好的人生。

三、读万卷书，行万里路，走进自然，追求卓越

教育就是希望孩子能够在身体和心灵两方面得到和谐的发展。过分依赖文字和语言的现代教育，恐怕会使孩子们用心感受自然、倾听神灵之声的能力渐渐衰退。世界上最可怕的事情，莫过于有眼睛却发现不了美，有耳朵却不会欣

赏音乐，有心灵却无法理解什么是真。不会感动，也不充满激情……

怎样才能唤醒学生的心灵呢？怎样才能让学生感受到教育不是没有生气的，而是充满生气的呢？怎样才能打开学生的心灵？怎样才能让学生的身体和心灵一起前行呢？那就走进自然，去旅行吧！因为自然是有灵性的。走进自然，呼吸自然清新的空气，感受自然神奇的力量，领略祖国大好河山的壮美，感受祖国文化的博大精深，自然给予我们的是醍醐灌顶的清醒。热爱生活、热爱生命、热爱我们身边的所有人、热爱我们所拥有的一切。

家庭教育和学校教育是有机联系在一起的。利用节假日，全家人出去走走看看、说说笑笑，感情在不知不觉中加深。感受祖国的大好河山，这是爱家，也是爱国。旅行的美好经历将永远存在于孩子和家人的美好记忆中。

四、教师的价值来自学生的认同

对于学生来说，教师的价值就是点燃学生的热情，让学生变成爱学习的天使。我们常把用心理解为态度的专注，其实失之偏颇。既然用心就要让学生感受到你的"独特用心"；既然爱学生就要让学生感受到你的"火热情怀"；爱，就要让对方真切实在地感受到，并且心怀感激地接受。我们要让教室没有恐惧、让教学贴近实际。

既然选择了教师这一职业，那就努力做好，不辜负人类灵魂的工程师这一庄严的称号！我们有信心，我们已经做好了准备！我们可以带给学生无限多的东西，我们可以创造未来的奇迹！愿我们的教育之路越走越宽，愿我们的明天更加美好！

有"趣"才有"真"语文

李晓

　　语文，是一门至关重要的基础学科，也是一门有其自身特殊性的基础学科——它不仅是帮助我们了解探究其他学科的基础，而且是我们日常生活与交际沟通的基础。

　　教育家杜威曾说："给孩子一个什么样的教育，就意味着给孩子一个什么样的生活。"因此，语文作为一片深深扎根于个人成长土壤中的密林，就显得尤为重要。但是在现如今的一线教学中，语文教学却存在着不少问题：为了迎合传统应试教育的需要，不少语文课都把课文条分缕析，将课文拆解得支离破碎，导致大部分学生认为语文是一门枯燥、难懂的学科，对语文学习彻底丧失兴趣。同时，这种粗糙的教学方式还会影响学生探究意识和创新思维的形成，将学生限制在教师制定的思维框架中，导致学生在生活中也难以灵活思考并运用所学知识。

　　想要改变这一现状，让语文真真正正地融入学生的生活，就务必从学生的角度出发，带他们去探究"真"语文，品味语文之"趣"。

　　"在人的心理深处有一种根深蒂固的需要，就是希望自己是一个发现者、研究者、探究者，在儿童的精神世界里，这种需要特别强烈。"我认为苏霍姆林斯基的这句话就很好地诠释了"趣"之所在：教师要尽可能地在课堂上为学生提供自我发现、研究、探究的机会，为学生创造自由发挥的空间，让其置身于一种探索问题的环境中，从而引起他们的学习兴趣。

　　但是，这并不意味着教师完全放手。初中年级的学生虽然已经具备了一些自我学习的能力，但是由于知识面较窄、深化能力较弱、认知倾向差异等问题，他们自我学习的能力还不够完备，需要教师引导。例如，课前教师可以先通过一个好的问题情境，激起学生探究文本的动机，可以借助多媒体手段直观演示、可以借助故事旁征博引，还可以联系生活实际创设问题、巧设悬念……总之，要激发学生阅读课文的欲望，创造"我要学""我想学"的积极教学气氛。

爱因斯坦认为："提出一个问题往往比解决一个问题更重要。"问题，是思维的开始。在日常教学中，阅读课文之前我最喜欢带领学生从题目入手，让学生根据题目提出自己的问题，引发学生探求文章的欲望。例如，《藤野先生》这一题目，同学们不难提出这些问题：藤野先生是谁？长什么样子？做过什么事？作者和他是什么关系，为什么要写他？唤醒了学生的问题意识后，学生就很乐于深入文本中探索自己提出的问题的答案，文章主题提炼好了，人物形象的分析等就很容易了。同时，教师还可以在课程教学之前鼓励学生自主搜集鲁迅与藤野先生的相关资料，这样可以让学生在课堂上更好地深入文本，对文章有更深刻的把握。

除此之外，教师还可以将兴趣导向作为一种重要的教学手段，利用多元化的教学方法，在激发学生探究兴趣的同时帮助其获取更多的语文知识点。例如，我认为语文教师要善于"讲故事"。不管是神秘的传说、悠久的历史，还是伟人的成长、革命的征途，可以自己讲，也可以借助多媒体讲，只要能讲得动人，学生就一定会被深深吸引。《水浒传》作为一部长篇白话小说，人物杂，内容多，语言与现代白话又有差异，许多同学对此提不起兴趣。因此在推荐同学们阅读《水浒传》的时候，组内教师决定采用多媒体听鲍鹏山老师说《水浒传》的方式来抓住同学的注意力。这种新鲜的方式一下子激起了同学们的兴趣，甚至许多上语文课时不活跃的同学也都积极参与进来，课后阅读也进行得如火如荼。同时，语文教师不仅要自己会讲故事，也要让学生会讲故事。在我的班级中有班级小讲坛，同学们在这里可以讲述很多故事，可以是在电视节目中听到的，也可以是从课外读物中看到的，这个小讲坛在无形之中将语文与生活紧密联系在了一起，激发了学生的阅读动力。

除了讲故事，还有许多方法可以在激发学生阅读兴趣的同时，帮助其获取语文知识点。在学习《陋室铭》一文时，我将课文内容与刘禹锡的其他古诗文进行了对比，通过对比推理的方式，帮助学生直观地了解作者的生平，感受到他安贫乐道和超越苦难的情怀。在此过程中，教师可以引导学生提出问题，先进行小组讨论，之后教师再进行点拨，让学生在探求乐趣中主动学习语文。

叶圣陶先生说过："语文教学的根在听说读写，是听说读写之内的挖掘与创新，而不是游离于听说读写之外的花样翻新。"所以，在学生因"趣"而热衷于语文学习的时候，一定不能忽略语文之"真"。在学生探求的过程中，教师要适时引导学生把重点落实在阅读里，落实在揣摩品味里，落实在独到见解里，加强其基础知识的掌握和基本技能的训练，绝不能以削弱语文基本素养为代价去追求单纯的"趣"。只有这样，才能真正在课堂上感受到语文探索之"趣"，学到"真"语文。

学着做一名合格的语文老师

战文

经师易遇，人师难遇。记得还未进入教学岗位，在岗前培训的时候一次演讲中我提到了我的初中语文老师，是他的人格魅力和语文课堂让我爱上了语文课，找到了自己的价值，同时也为我的生活带来很大影响。后来我爱上了文学，喜欢中国文化，所以工作以后我希望更多的孩子也能够爱上文学，真的热爱语文课，爱上中国文化，发心传播传承中国文化，寻找更真、更美的自己。

如果说学生时代我的老师影响了我的职业选择，那么工作以后我的前辈老师们更是在我的教学思路和教育理念上给予了我深深的影响。勤于用心呵护幼苗的园丁，必将迎来一个生机勃勃的春天。他们告诉我，用心做好孩子们的引路人，是一种享受，是一种快乐。

语文教学本身就是一个由感知、领悟到感化的过程。对于那些比较有远见的教师来说，他们并不是交付学生已经完成的宫殿，而是逐步引导学生去依据图纸进行添砖加瓦，让他们学会怎样建筑。一个没有诗意般情感的教师，一个不具备清泉般审美能力的教师，又怎能促进学生身心的全面发展呢？

教初三这一年，从青岛来我校支教的高老师是指引我前进的前辈之一。一次去听高老师讲说明文，她在讲说明方法及作用的时候，自己从生活中举例子，如莱西的美食，提到了院上烤鸡、日庄火烧、夏格庄蒜香鸡等，贴近学生的生活，引起了共鸣。教师善于引导，用最贴合生活的例子解释专业名词，学生感受到了"真"语文。高老师在讲下定义和做诠释的时候，举的是"平行"的定义：同一平面内，永不相交的两条直线叫作平行线。然后解释说：在这个时空里，两条平行线永远无法再见面，意境就出来了。然后我自己讲说明方法的时候，还借鉴了同组前辈郭老师的办法，将常用的说明方法串成顺口溜"举脚打腔分裂作图（举例子、做比较、打比方、下定义、分类别、列数字、做诠释、画图表）"，同时让学生演示，增添了趣味性，学生的印象深刻。初二学习过顺口溜的学生当我再提出来时，他们能迅速准确说出所有的说明方法，就连当时我找哪位同学上讲台展示都印象深刻。所以，"真"语文，就是要让语文学习充满生活气息，引导学生真正产生学习语文、探索语文的真趣味。

高老师的课堂很自由，她的课堂很注重美育，讲枯燥的石拱桥说明文时，她也可以很自然地衔接到关于建筑美的体验和引领，联系了很多知名建筑家，如林徽因和梁思成，以及他们设计的很多知名建筑，培养学生对美的欣赏能力。

课堂上，高老师让学生自己当导游为同伴介绍赵州桥和卢沟桥，非常有意思，而且学生表述很清晰，介绍结束后桥的整体结构和文章的结构都印在脑海里了，然后展示桥的画面，形象直观，不管对于说明文文体还是建筑设计，学生都有了不一样的了解和进一步探索的兴趣。将优秀前辈的做法转移到自己的教学中，希望自己放手，以学生为主体，这就要求自己要更好地引导学生探索发现生活之美、语文之美，引导学生能够更好将生活和语文联系在一起，让语文课堂妙趣横生。

我要做这样一个语文老师，博学、温柔、善于引导，发展学生的表达能力。

孩子们的世界犹如大海一样宽广、深邃。我们的引导有时不会让他们有半点的涟漪，这就需要我们拥有爱心、耐心，相信在我们坚持不懈的努力之下，最终我们会融入他们的世界。

将学生视作发展的主体以及和自己心灵相通的美丽天使，教学的过程就成了一种乐在其中的精神享受。学生可以在轻松愉快的环境中挖掘自己的潜力，感受学习的幸福，获得意想不到的成功。

在知识的领域里，我们既是渊博的老师，也是虚心向上的学生。人有两样重要的东西，一个是永不言败的希望之火，另一个就是学会接纳。当我们以求知的心态去欣赏一个人的优点时，以平和的心态去对待别人的缺点时，以善意的举动尊重别人的隐私时，我们就是快乐的。此时的我们已经进入了一个有血有肉的精神世界，这就是语文教学的最终目的。

　　真正让孩子乐在其中地学习，真正将他们的内在潜能挖掘出来，他们就会给我们一个惊喜。希望能够继续跟着书中的传奇老师们以及我的前辈老师们探索美妙的语文课堂。

第四章

书海撷珠

是谁把 "我" 从善良推向犯罪

——从《沙卡的救赎》中感悟环境对孩子的影响

李爱芳

"在我生命的每一天，我要尽我所能为这个被我伤害过的世界做出补偿。"

——沙卡·桑戈尔

五天前收到了简书小荐荐发过来的《沙卡的救赎》一书，摩挲着厚实又有质感的书，我无比欣喜。

晚上，来不及收拾碗筷，我就投入了静读之中。

《沙卡的救赎》讲述的是一个真实的故事。

作者沙卡·桑戈尔（Shaka Senghor），是一个因二级谋杀入狱的罪犯，他曾经在监狱服役19年，并且有7年被单独监禁的经历。狱中的他曾一度自暴自弃，然而经历了一番自我挣扎和自省后，他终于找到了自我责任与人生的救赎。出狱后的他再也不是当年孤独而迷茫，被愤怒和恐惧所支配的少年；而是站在TED讲台上，眼神坚定、泰然自若的精神导师。

故事是从沙卡即文中的 "我" 19岁时杀人入狱开始写起的。作者回忆了一段狱中生活后，就将笔锋转到对五年前生活的回忆，如此反复至文章第二部分结束；第三部分主要写作者觉醒后的后期监狱生活。

文章两条线并行，均按照时间顺序叙述，一条线是对自己如何离家出走，如何绝望与愤怒，最终杀人的叙述；一条线是对入狱及狱中残酷生活的描述，以及狱中自己通过读书与反省所寻找到的心灵救赎。

美国惨无人道的监狱生活，让我触目惊心。我感叹于种族歧视给作者带来的灾难；我震惊于监狱中的弱肉强食；我痛恨于罪犯的道德沦丧；我吃惊于监狱警察的渎职与冷酷……

但监狱里的故事，我不想多议。今天，我只想就其中作者回忆的犯罪前的生活经历，来谈谈我对教育孩子的感悟。

虽然沙卡说19年的狱中生活，让他一点点醒悟，"造就他此生遭遇的，不是世界的丑陋和冷漠，而是自己的想法与选择"，但我依然要说：沙卡之所以犯罪，就是被家庭教育所毁，被社会环境所害！

是家庭特别是"妈妈"，把年幼的沙卡推出了家门，推向了社会；是社会的冷漠和无情，使他越来越孤独、恐惧，以至于他对他人和社会失去了信心和爱心，最终走向了报复杀人的黑暗深渊。

一、家庭教育至关重要

沙卡生活在一个充满吵闹的家庭里，父母的婚姻在一次次争吵中一点点破碎，分分合合的婚姻让小沙卡失去了安全感，失去了希望。

特别是母亲的暴力。当他还是个孩子时，就经常因为琐事被她体罚。他被命令脱光衣服挨揍，他因兄弟姐妹犯的错而被责骂，本应该是母亲给予他爱、理解和陪伴，结果他感受到的却是自己只是母亲的累赘。

沙卡在母亲与父亲第二次分开时被母亲遗弃，父亲忙于工作，无暇照顾他，年仅十四岁的他，感受不到来自家庭的关怀，感受不到来自家庭的爱。

终于，在母亲反复警告"不愿意守规矩可以离开"后，他真的离家出走了。

他出走后，母亲依然不为所动。在街上到处流浪的他，遇到被人欺负时，没有人为他出头；绝望到自杀时，没有人给他心理疏导和安慰……

就这样，沙卡在善良的路上越走越远，心里的孤独和恐惧越来越深，为了生存，他贩毒、吸毒，打架斗殴，最终犯下杀人罪。

我想，如果当时沙卡的母亲能及时把他找到，他就不会成为一个街头混混，就不可能有后续一系列事情的发生。在孩子的成长中，母亲的作用尤为重要，冷漠和暴力教育下的孩子内心必将充满愤恨和抑郁。

可见，一个人生活的家庭环境对其影响是至关重要的，"原生家庭"的作用不容小觑。给孩子一个和谐温暖的家，让孩子觉得安全，他才能幸福快乐地成长。

二、社会环境的举足轻重

家庭的失和、母亲的暴力，把小沙卡推向了社会，无情冷漠的社会，又把他往黑暗的深渊中越推越深。

没有钱又没有工作能力，十四岁的沙卡怎么养活自己？柔弱又孤苦无依，被街头混混欺负时，他能做的是什么？

当他被蒂尼拿枪指着，当他在心惊胆战的枪口下逃脱时，无助脆弱的他多么希望能有人站出来帮一下他，哪怕只是说一句安慰的话，哪怕只是警告他不要胡闹瞎混，赶快上学！

弱小无助的他什么也没有得到，因为餐厅里的人没有一个关心他，没有一个人关心他的生死。

多么冷漠无情的社会，多么孤独恐惧的人生。

三、没有好的引导者，是沙卡人生悲剧的开始

沙卡在餐厅里得到的是失望，他只能靠自己！没有是非观念的沙卡为了生存，跟着米克做起了卖毒品的生意。

米克和凯文把沙卡引上了犯罪的道路，李又怂恿沙卡吸毒，可怜的孩子一步一步踏入了狼潭虎穴，踏上了不归路。

当沙卡在李的引诱下，将卖毒品的所得用于吸毒，然后挥霍一空并私吞米克的毒品时，他被米克的手下打了个半死。

一个十四岁的孩子，本来应该在母亲温暖的怀抱中，却被别有用心的坏人引入歧途，为自己以后的生活埋下了一颗炸弹。

四、三观不正确的朋友，是沙卡不断堕落的帮凶

被打得半死，在街头流浪了好几个月的沙卡，不得已找到了他的干姐姐塔米卡，然而塔米卡不但没有劝阻沙卡及时收手，反而让她的家成了沙卡贩卖毒

品的据点。

接下来，干哥哥艾伦和阿尔特先后加入了沙卡售卖毒品的生意中。沙卡的女友布伦达也是一个性格泼辣的卖冰女，她与沙卡可以说是"志同道合"。

这些亲近的人没有一个对沙卡的所作所为提出建议，没有一个人向沙卡指出他的做法是违法的，他们都一起做了沙卡的帮凶，做了沙卡最终杀人的推动者。

五、暴力横行的生存环境，导致最终杀人的必然结局

沙卡生活在20世纪80年代底特律暴力横行的环境里。街头经常上演火并和打斗，大家听到认识的人受到暴力侵害时，并不会表现得特别惊讶。

人人自危，个个暴躁，稍有不和就拿枪爆头。一条条人命被剥夺，一个个家庭遭破裂，一个个孩子被遗弃。

没完没了的枪击，使沙卡的心越来越冷漠。他告诉自己："如果对死亡敞开心扉，活着就不会再恐惧。"

多么可怕的生存环境啊，这样的生活怎么可能不把一个孩子逼疯？

当愤怒占据人的灵魂高地时，它就会把一个人变成魔鬼。生存环境的恐怖是把沙卡变成魔鬼的"癌细胞"，不断吞噬着他的灵魂，最终使他犯下不可饶恕的过错。

总结：沙卡的犯罪，虽然主观原因占大部分，但他生活的社会环境，客观上决定了沙卡的发展。他性格的改变，他情感的冷漠，都是社会造成的。社会环境就像一个大熔炉，把他烧铸得狠郁冷酷，把他锻造得火爆无情！

家庭给社会一个纯洁善良的孩子，社会给家庭一个残酷凶狠的犯人，毫不客气地说，沙卡的犯罪，社会难辞其咎！

六、结语

孩子的教育是一门大学问，是父母一辈子的修行。让家庭充满爱，让社会充满情，让每一个人都相信"天生我材必有用"，物尽其用，人尽其职，普天大同，遍地兴荣！

心灵无寄，死又何惧

——《荒原狼》书评

李爱芳

《荒原狼》是德国作家、诗人、评论家并被称为"德国浪漫派最后一位骑士"的赫尔曼·黑塞的一部小说，于1946年获得诺贝尔文学奖。

本书是一本诗意与哲理交相辉映的伟大小说，作者以摄人心魄的笔法描述了一个人如何冒着生命危险，经历种种折磨，追索人类存在的意义的故事。

从写作手法上来看，本书的幻想色彩特别浓郁，象征意味非常深远，被托马斯·曼誉为"德国的《尤利西斯》"。

这部小说从整体上分为三大部分：第一部分是"序"，第二部分是"哈里·哈勒尔的自传"，第三部分是"论荒原狼"。

"序"是作者以回忆的手法写了对哈里·哈勒尔的印象、与他交往、对他的感情变化以及对他的评价。

哈里·哈勒尔给作者的印象非常深刻。这是一个非同寻常的人，他才华横溢，有智慧，柔顺感人，多愁善感，又浪荡不羁，性格矛盾，对人有时客气友好，又有时让人觉得陌生别扭，甚至有些敌视别人，有时专注认真，有时又让人觉得他三心二意。

作者说他对哈里·哈勒尔不甚了解，与他的交往也不多。在楼梯上，作者遇到哈里·哈勒尔并与之交谈，深深地被他吸引，对他开始感兴趣；去听音乐会，作者偶然遇到哈里·哈勒尔，音乐会结束就跟随他去了小酒馆，与他在小酒馆里进行简单的交流；随后他受哈里·哈勒尔的邀请，参观了他的房间，仅此而已。

虽然只是简单的交往，但是作者对他的感情却有了很大的变化。开始作者是讨厌哈里的，原因是哈里初次与人见面问候的方式非常滑稽，住进来以后又不愿意申报户口，平时浪荡不羁，做事随心所欲；这样的哈里给作者的印象真的不佳，所以作者开始对他防范抵御；与之交往后，作者慢慢开始喜欢哈里，他从哈里陌生的、奇特的脸部表情，看出了哈里对人恳切，令人感动；后来作者对哈里有了一定的了解，开始同情他；到最后，哈里走了，作者对他牵挂和思念。

"序"中，作者给予哈里极高的评价，说他是一个无所不知的人，认为他不爱慕虚荣、不自以为是、锋芒内敛、冷静、洞明一切，总之，哈里是作者心目当中了不起的人物。

小说的第二部分是"哈里·哈勒尔的自传"，下有副标题——为狂人而作，这一部分是以哈里·哈勒尔的口吻来写的。

哈里·哈勒尔在自传中介绍了自己的身体状况，他是一个受尽痛风病、头痛、忧郁和胃病折磨的人；他的精神状况也很糟糕，他说自己灵魂已经死亡，内心非常空虚绝望，整个人有时是在发狂的边缘；他的生活状况也不乐观，他对他的生活不满意，他认为他的日子过得不好不坏，不冷不热，可以忍受，但有时又对它非常憎恨和厌恶；他平时喜欢喝酒，家里肮脏不堪，自己也不修边幅。

哈里是一个伤感的人，他对人对己都非常苛刻，平日里虽然忙忙碌碌，却总是觉得自己很孤独。

哈里称自己是无家可归的荒原狼、孤独的憎恨者、潦倒的隐世者，甚至有时觉得自己就是一个疯子，一个狂人。

这一部分里，哈里对自己的形象进行了深入的解剖、细致的刻画，他不隐瞒自己的弱点，是一个诚实的刽子手，将自己一点一点地解剖开来给大家看。

小说的第三部分是"论荒原狼"，题目下面也有副标题——替狂人而作。这一部分作者先写哈里从一位奇怪陌生的人手里得到一本小册子——《论荒原狼》，又写哈里读完这本小册子以后发生的奇奇怪怪的事。

哈里在幽深的夜里闲逛，发现了魔法剧院，"寻常人禁止入内"的昭示引起了他的兴趣，后来在路边，他遇到了一个奇特的陌生人，从他手里得到了一本小册子，这本小册子就是《论荒原狼》。

小册子里边讲的也是荒原狼哈里的事，他几乎与世隔绝，是一个失去了家庭、失去了故乡的可怜人；他的理想错综复杂，杂乱无章；小册子的作者认为哈里是一个"夜游神"，说他喜欢孤独，追求独立，我行我素；作者认为哈里最终的结果必定成为一个自杀者，虽然他认为自杀是不体面、不合法的事，虽然他在努力抵制自杀，虽然他的生活欲非常强，也充满幻想，但是他依然摆脱不了痛苦。小册子的作者断言，哈里这头荒原狼一定会在50岁那一年自杀，这将是哈里的最终结果。

在小册子里，作者对哈里的人性分析得也非常到位。作者说在哈里的身上，是人性与兽性并存。哈里既不是一个独立的人，也不是一个完全的兽——他身上的人性和兽性有时候是矛盾的，有时候又是统一的。矛盾时它们势不两立，相互作对，统一时它们又能够互敬互爱，和平相处。哈里鄙视有产者，他不想受社会的禁锢，对待生活不知满足，特立独行；但是有时候他却与警察局、税务局等各种权力机构相安无事；他向往小康生活，他把政治犯、革命家、思想家看作他的手足兄弟，但他却不认可社会上的妓女；他不想做一个乖乖听话的市民，但他显然就是一个市民。这是一个多么矛盾的人啊！

一本普通的小册子，一篇奇怪的《论荒原狼》，小册子里的哈里与自传里的哈里竟然如此相似，等同于一个人，这让哈里觉得惊奇，觉得不可思议。

为了找到给他小册子的那个奇怪的陌生人，哈里开始寻找魔法剧院。在街上闲逛的他看到一群人在出殡，想到这是他最终的结局，他也就兴趣盎然地跟随着出殡的人群走了起来。接下来他看到了一出非常滑稽的演出：牧师在逢场作戏、矫揉造作，商人、面包师和他的妻子既不哭也不难过，非常沉默，他们满脸的市侩之气，只盼着快速将死人装殓，结束这难堪的一幕。

出殡者的表现让哈里觉得可笑，但想到自己死后，竟然没有一个人会为自己难过，哈里又觉得心伤。

哈里像一个幽灵一样在街上闲逛。走到一家图书馆时，他遇到了一位年轻的教授。年轻教授对哈里的称赞让哈里暂时感觉到了一丝温暖。在年轻教授的再三邀请下，哈里答应去他家里做客。做客时，哈里处处感觉到不适，预感到将要有不祥的事情发生。果不其然，哈里被年轻的教授骂成混蛋，原因就是哈里发表了一篇文章，认为战争与自己的国家也有关系，被教授认为是叛国贼。一场原本就不想参加的拜会，最终就这样不欢而散。

哈里失魂落魄，觉得生无可恋，一心想早点结束自己的生命。他在给他小册子的陌生人的引导下来到了黑老鹰酒馆。在酒馆里他遇到了年轻漂亮的姑娘赫尔米娜，并与赫尔米娜约会，答应听从她的安排，包括杀了她。赫尔米娜先要求哈里学习跳舞，然后又带他去舞厅，并结识了萨克斯管乐手帕勃罗以及妓女玛丽亚。赫尔米娜看出哈里喜欢玛丽亚，就把玛丽亚送到了哈里的床上，于是哈里就有了情人玛丽亚。与妓女成为情人，使得哈里对妓女有了更深刻的了解和同情。

参加化装舞会是哈里最疯狂的一段人生经历，他忘记年龄，忘却疲劳，尽情地与各种女人进行舞蹈狂欢，想尽千方百计得到女人的青睐，在这里，他就是一个花花公子，激情四射，人性中最本真的一面，最原始的一面，被他尽情地展示了出来。

舞会在天放亮的时候结束了，人们陆陆续续地离开了会场，只剩下哈里和他最终认定的情人赫尔米娜，还有冷静的、神秘的、年轻的萨克斯管乐手帕勃罗。帕勃罗一条胳膊挽着哈里，一条胳膊挽着赫尔米娜，三个人一起走进了魔法剧院。

三人进入一个房间，稍做休息，帕勃罗让哈里和赫尔米娜饮下一种特殊的饮料，然后三个人一同走进魔法剧院。

哈里在帕勃罗的引导下，杀死了身体里的狼，变回了年轻时阳光、有活力的自己，这时帕勃罗消失了。

哈里进入第一个包厢，门上写着："请来快活地狩猎——猎取汽车"。哈里走进包厢，看到的是一场人机搏斗，汽车、装甲汽车，奔驰着追逐着行人，将其碾为肉酱；为了反对机器，到处贴满标语，号召全国人民站在一起，去焚毁全国各地的工厂，砸毁汽车，烧毁机器。哈里也加入了这场战争，在这里，他遇到了儿时的玩伴古斯塔夫，两人开始了疯狂猎取汽车的游戏。为了让自己心安，他们找到了"世界人口太多，多杀人以还地球空气""战争是控制人口最好的办法"等借口，大肆杀戮无辜的人们。

一个游戏，是对现实世界的极大讽刺，那虽然是一场游戏，却又像是一场惨不忍睹的战争。战争中不管是正义的还是非正义的，都让人无法说清楚。由此可见，作者认为，只要是战争，不管是什么战争，都是错误的，我们在杀死对方的同时，也有很多自己人倒下，作者认为战争不是解决问题的办法，他对此是反对的。

走出了猎捕汽车的冒险活动包厢，哈里的心情是极度不平静的。他发现无法数清的门上都有一块牌子，都在引诱他入内。其中一扇门上的"人物结构指导——确保成功"引起了他的关注，他走了进去。

房间里，他发现了一个长得像帕勃罗的棋手，在他的引导下，哈里懂得了生活艺术——生活无非就是相同的形象组成的无数场游戏，每场游戏都是全新的，想要塑造怎样的游戏完全凭自己的意愿。

明白了生活艺术的哈里对棋手满怀感激，当他退出房间时，被一股强大潮流裹胁而去。随即他看到了一条闪闪发光的标语——荒原狼训练者的奇迹。哈利看到这幅标语时，内心有许多恐惧。他用颤抖的手打开了门，里边是一位驯兽者站在舞台上驯狼。荒原狼瘦得可怕，眼神卑微而怯懦，被驯兽者驯得服服帖帖，它听从驯兽者的任何指令，并卑躬屈膝地向驯兽者讨好。当人把一只小白兔和一只小羊羔送到狼面前时，狼即使馋得浑身发抖，口水直流，却不敢去碰兔子和羊，而是乖乖地坐在兔子和小羊羔之间。狼的精彩表现得到了观众的掌声和报偿。

演出的第二部分，是狼下命令，人要服从狼。人在狼的指示下完成诸多表演，这些表演甚至比狼还要出色，唯一不同的是，狼没有杀死小兔和小羊，而人却对兔子和羊痛下杀手。人残忍地撕下动物身上的一片片皮肉，狞笑着吞噬着生肉，享受地闭起双眼，津津有味地喝着冒着热气的鲜血。

这是多么辛辣的讽刺啊！善良的人竟然比凶狠的狼都残忍，狼忍受着挨饿的折磨不去残害的小白兔和羊，竟然被一个善良的人生吞活剥。作者虽然只是在给我们讲述一个故事，虽然这个故事是虚构的，但是却那么清晰、那么深刻地揭露了当时现实社会的一个真实现象——人比动物残忍。

接下来，哈里进入拥有任何姑娘的门，学会了由爱而杀人，他最终杀了他最心爱的姑娘赫尔米娜。当哈里被审判时，他说：这是赫尔米娜自己要求哈里把她杀死的。

大家是不是觉得很可笑，怎么会有人要求别人把自己杀死呢？赫尔米娜对哈里的要求有很多，他们完全可以幸福的生活下去，为什么哈里却最终选择了杀了她？这难道不是影射了现实社会中的一些人，假借着爱的理由去杀死别人吗？

杀死了赫尔米娜的哈里，原本应该被判为绞刑，但是他却只被检察官和在场的众人取笑了一番。

当哈里恢复知觉的时候，我也恢复了知觉。我才明白，魔法剧院发生的一切，只不过是哈里头脑中的想象。

这是一部多么神奇的书啊，曲折的故事情节、血腥的残忍屠杀、瑰丽的奇特想象、幽默辛辣的讽刺，看似荒诞，却又是现实社会的影像。

读完这本书，我深深地被赫尔曼·黑塞打动了。我能理解荒原狼孤独寂寞、不被人理解的处境，能感受到他想做一个普通人，过平淡生活又不愿意碌碌无为的矛盾的心理，也能体会到他身体和心理遭受双重磨难、求生无门求死不能的挣扎。

哈里·哈勒尔的经历，时而让我觉得惊心动魄，时而又让我心酸难过，我的思想感情随着作者描绘的人物的遭遇而跌宕起伏，但始终有一条苦难的钢丝线从我的心灵穿过。

不知是否有人说过这样一句话，凡是伟大作品的结局都是以悲剧收场。《荒原狼》中的哈里·哈勒尔就是一个悲剧人物，生逢战乱年代，拥有睿智的头脑、洞察一切的双眼，他与众不同，却为世俗所不容。他的理想和信念不被人们接受，他的心灵无所寄托，以至于他最终走向死亡，就像作者赫尔曼·黑塞所说，自杀也许是哈里·哈勒尔这匹荒原狼最终的选择。

我能理解作者，我也能理解哈里·哈勒尔，当一个人的心灵在这个世上没有任何寄托，死亡对于他来说又有什么可怕呢？死亡，对一个活着毫无意义的人来说，应该是其极其向往的吧。

死亡是归宿，活着是幸福

——余华《活着》读后感

李爱芳

人啊，活着时受了再多的苦，到了快死的时候也会想个法子来宽慰自己。
你千万别糊涂，死人都还想活过来，你一个大活人可不能去死。

——余华

很久没有这么认真地读书了，书中人物的命运紧紧揪住了我的心，以至于同事跟我说话我都听不见，学生站在身边问作业我都没察觉。

下了班回到家，顾不得做饭吃饭，一口气读完了余华的《活着》，故事中的主人公徐福贵坎坷的一生让我唏嘘不已，他接连失去亲人的痛让我没有办法感同身受，我惊讶：这得需要多强的毅力才能坚持不倒？这得需要多大的勇气才能活下去？

福贵不"福贵"

福贵赌博输掉了家里的100亩地，变成了一个穷光蛋；爹在帮他还了债、搬到茅屋的当天，死在了村口爹常去大便的茅坑旁；生活惨淡，家徒四壁，从未做过粗活的娘因他累死；他在去给娘请医生的路上被国民党抓去上了战场，九死一生；好不容易和妻儿团聚过几天平淡的日子，妻子又得了不治之症；儿子听话懂事，勤劳热心，小小年纪却因为救县长的媳妇被不负责任的医生抽血抽死；女儿小时候因病意外失聪失声，长大嫁了一个爱她的男人却因生产大出血丢了性命；温顺体贴又知书达理的妻子受不了先失儿后失女的打击，不久也撒手人寰。读到这里，我的心一阵阵痛，可悲剧还没有结束，对外孙视若生命的女婿又在搬运中被水泥板砸死；最让人无法接受的是，女儿留下的一个天真活泼、会讨人喜欢的小男孩，也被贫穷被福贵的粗心夺走了小命。我再也控制不住自己的情感，双泪纵横。为什么要让福贵的亲人一个个离他而去？哪怕最后留下这个可爱的小外甥跟他相依为命也好啊！生活对他太残忍了！惨不忍睹！

2014年，我曾经因为先后失去双亲痛不欲生，有段时间精神极度抑郁，想起去世的父母我就痛哭一场，饭不想吃，觉睡不好，经常半夜醒来瞪着眼发呆，上班没精神，下班不想动，整个人颓废至极，经常有活着没有意思的念头。在朋友的细心和关心之下我才慢慢走出那种灰暗的阴影。今天读了此书，我才觉得，人生不只有阳光，更多的时候是阳光照不到的黑暗。此时的我释然了：死亡是每个人的归宿，不过早晚而已。

人生总有太多的不如意，太多的磨难。生老病死，自然规律。面对亲人的离世，我们是相同的感情：我们不舍，我们后悔，我们难过，我们痛苦，甚至想陪着一起走……写到这里，我想起了同事的外甥女。她老公心脏不好，医生建议手术，全家人想办法联系了北京一家做这个手术很有名的医院。做完手术后，老公恢复得很好，还吃了不少饭，同事说外甥给她打电话时很高兴，说是手术很成功。谁也没料到一天后，竟然引起了并发症，医生全力抢救也没有留住她老公的性命。同事的外甥女从此变成了泪人，家不收拾、活不干。年迈的老妈去看她，她也不招呼，孩子饿了她也懒得做饭，好长一段时间，她一天到晚只知道哭，原来胖乎乎的人，没有多久就瘦了二十多斤，一说起她老公，她全是后悔，埋怨自己不该拉老公去那个医院治病，她一心只想陪着老公去，希望老公好。亲人的离开，没有一个人愿意接受，可真的跟着走了，衰老的双亲谁来照顾？年幼的一对儿女谁来看管？如果她能看到这本书，如果她能看到福贵比她更凄惨的遭遇，如果她能看到只剩福贵一个人，他还如此顽强地活着，她是否也会跟我一样释然了呢？

俗话说得好，"生死有命，富贵在天"；苏轼也发出过"人有悲欢离合，月有阴晴圆缺，此事古难全"的感慨，既然死亡谁也无法改变，我衷心祝愿人人都能像福贵一样珍惜生命，以平常心对待亲人的离去，接受亲人的离去，明白"一切都是天意，一切都是命运，谁也逃不离"，明白死亡是每个人的归宿。死者长已矣，活着的人在哭过、痛过之后，应该重新鼓起生活的勇气，继续走下去。

福贵真"福贵"

面对如此惨无人寰的打击，福贵挺过来了。他年迈无力却没有放弃耕作，他买了即将被人宰杀的老牛，给它起名叫"福贵"，他与跟他一般老迈的老牛说话聊天，他把亲人的名字说成是其他的牛；他劳作时想唱就吼两嗓，他也能平静地给"我"讲发生在他身上的故事；他思念亲人、孤单寂寞，却从没有想过了结自己的性命。福贵的命真大，福贵的命最长。福贵积极乐观的生活态度有没有让可能遇到一点挫折就要死要活的你汗颜？

我汗颜。父母先后离世，刚开始我真的觉得天塌下来了，这日子暗无天日了。现在的我虽然不像以前那样要死要活的，但在困难挫折面前还是经常不知所措，甚至恐慌、压抑、钻牛角尖。福贵的经历，让我觉得，活着就是幸福，没有比活着更让人值得珍惜的事了。

我感谢这本书的作者余华，虽然他把福贵的命运写得如此悲惨，却又让我感受到了生活的喜悦、人的乐观！余华塑造的福贵，是一个给人正面力量的人物。他年轻时荒唐，赌博逛窑子，但当他败了家产一无所有时，他能认识到自己的错误，为了家人他不顾面子去求龙二给他地种，踏踏实实下地努力干活；儿子穿鞋太厉害、在学校不认真读书，他打了儿子后能不断自责，反思自己；老婆生病了他不让老婆干活，体贴入微，边照顾老婆边下地干活，时时埋怨自己没让老婆过上好日子……在困境里，他没有自暴自弃，而是想用更多的努力让家人过得好一些。福贵是个有担当的男人，嫁给这样的男人，他老婆家珍死时是幸福的、满足的。

福贵的遭遇让我哭泣，福贵的乐观让我佩服。他的活着已经完全超出了他活着的意义，他的活着给我们时刻发出警示：一个遭遇如此磨难的人都坚强乐观地活着，我们还有什么理由想不开？跟他活着时痛苦的境遇相比，我们的生活环境哪一天不是天堂一般？跟他活着的不幸相比，我们的生活哪一天不是幸福如蜜？

幸福原来一直都在，能活着就是幸福！

宽容有爱，静等花开

——李镇西《教育的100种可能》读后感

李爱芳

爱是教育的灵魂，宽容是教育的载体，潜移默化是教育的本质。

——题记

李镇西，全国知名教育大咖，我心目中的偶像，我毕生学习的榜样。他的学生宋怡然说："当你觉得一个人让你敬仰的时候，他的一举一动一言一行都成了教科书。"我要跟着偶像的脚步走，最终像他的学生潘芳奕那样，"逆着风雨，迎着阳光，长成自己曾经渴望的模样"。所以，暑假中我认真研读了李老师2020年出版的《教育的100种可能》，摘抄、品味、感悟、震惊、反思，我佩服得五体投地，甚至顶礼膜拜。

镇西经典语录：

（1）幸福比优秀更重要。

（2）教育的本质是陪伴每一个孩子的成长。

（3）我们尊重眼前的这个孩子，不是因为他"很可能"将来成为杰出人物，而是因为无论现在还是将来，他都是一个有尊严、有个性、有着丰富内心和独立思想的人。

（4）决定一个人成长和成功的因素以重要程度排序，第一是家庭，第二是个人，第三是学校。

（5）教育真正要做的，与其说是尽量"塑造"学生，不如说是尽量不要妨碍学生自由发展，依从个性，给他自由，如此一来学生的成长会超出教育者的想象。

（6）信任，是教育的前提。

（7）教育子女是需要用心的，不反省，不认错，是父母的错。

（8）好老师应走进学生的心灵。

（9）教育不是无所不能的，不要把什么都归功于或归罪于教育；但教育也不是无所作为的，指不定教师的一言一行、一笑一颦，就会嵌入学生的人格。

（10）教育的幸福是彼此珍藏。

（11）至少在小学生、初中生幼小的心灵中，老师的所谓"专业水平"并不是我们想象得那么重要，最重要的还是"爱"，学识、能力、底蕴等都很重要，但置于最上端的，还是对孩子的爱。离开了这一点，所谓的"专业素养"等于零。

（12）人生中总会面对许多第一次，要勇敢尝试。努力了，即使失败也是一种经历。

（13）最好的家庭教育，是孩子和父母之间互相学习，彼此促进，共同成长。

（14）孩子有无限可能，教师要静等花开。

（15）一个老师就是应该让自己的学生成为自己的粉丝。

（16）一个新颖的比喻，一句奇特的想象，就是诗。

（17）一个人从小学写诗，其意义不一定是将来成为诗人，而是养成奇思妙想的习惯和锤炼语言的习惯，更重要的是这能让自己始终保持对周围一切的敏锐，抱有热情，富有联想和创意。

（18）语文老师不一定是作家，但一定要有作家的情怀；不一定是诗人，但一定要有诗人的激情。

（19）从严格意义上讲，语文老师之于写作尖子，更多的意义并非在于"指导"，而在于"发现"，并给其以思想自由，让其心灵的泉水自然而然地流淌，任其灵感和精神的翅膀自由自在地发挥和舒展。

（20）向自己的学生学习，从中获得纯真，汲取活力，把学生当成明亮的镜子，从中看到自己的不足，进而不断自省、自新，正是我的愿望。

（21）我们要善良地对待他人，也要机智地对待生活。善良，并非意味着愚昧；正直，并非意味着鲁莽。

（22）我们的教育，不一定是要给孩子一个无可辩驳的"真理"，而应该是倾听。倾听本身就是一种教育，而且是师生彼此互相影响的"教育"。

（23）教育的幸福源于何处呢？我总结了三点：第一，享受职业；第二，研究教育；第三，调整心态。

（24）最好的教育莫过于感染，最好的管理莫过于示范。

（25）一个人的成长，首先得益于其良好的家庭教育，而所谓"良好的家庭教育"，并不意味着父母的高文凭，而首先是身体力行的善良、正直、勤劳、坚韧。

（26）我不知道我在教育生涯中冤枉过多少学生，我只知道并不是每一个被我冤枉的学生都能够理解原谅老师而"最终释怀"的。有的学生是带着心灵的阴影离开我们的，一直对我耿耿于怀事小，而这些孩子因我的教育不当而产生或多或少的心理阴影甚至心理疾病进而影响他未来的人生，这才是最可怕的啊！

（27）对待名利荣誉，不刻意去争是对的，但也不必刻意拒绝，只是不要太放心上，没有不遗憾，有了也只把它当作额外的奖赏。

（28）不苟且，意味着抵御外在的诱惑，坚守内心的良知，不管社会风气如何，绝不放弃应有的理想、情操和气节。

（29）朴素最美，幸福至上。所谓朴素，就是不做作，保持本色，守住内心最纯洁的初心；所谓幸福，即劳作充满创造，有梦想，有憧憬，有理想，能爱别人，也能被爱，有帮助别人的专业能力和智慧，这是幸福的源泉，也是尊严所在。（概括总结的）

（30）不可能每个人都成为科学家，但每个人都可以努力使自己成为正直的人。人格的完善是无止境的，当我们不断净化自己的心灵的时候，社会上少了一个丑陋的灵魂，这便是我们对改善社会道德风气、提高民族思想水平、推动人类文明进步所做的起码贡献。

（31）不断发现自我，精心塑造自我，勇于战胜自我，最终超越自我。
——人的乐趣就是"自己和自己过不去"。

（32）在完善自我的过程中改造世界，在改造世界的过程中完善自我。

（33）人文阅读与专业无关，而和人格的完善、视野的开阔、思想的充盈、灵魂的饱满有关。

（34）教师有"制服"学生的想法做法，潜意识里是以学生为敌，这必然把自己与学生对立起来，其结果往往是不但不能从思想上解决学生的问题，反而严重伤害了师生情感，为将来的教育埋下隐患。

（35）教师把自己缺乏宽容的"好心"视为"严格要求"的"爱心"，而不能自省，最后失去了学生的心灵，也最终失去了教育的意义，这是多么可悲啊！

（36）困难是推动你成为更好的自己的最大动力。

（37）让每个学生成为最好的自己。

（38）爱心，一定要体现在教育智慧上。

（39）敬畏生命，就是善待每一个成长中的孩子，呵护他们的精神世界；敬畏职责，就是要以小心翼翼甚至战战兢兢的谨慎对待每一堂课和每一份作业，做一个纯粹的教育者，教育就是你的唯一，就是你的天；敬畏规章，就是严格遵守教育法规，不要以"好心"为由去触碰一些底线和红线。

（40）真正的成熟，是做自己灵魂的船长。

（41）真正的教育，就是教师用自己的心灵在学生的心灵上写诗。

（42）生命的最高境界就是与事业同行。

（43）每一个孩子的未来都不可估量，每一个孩子都有成为英雄的可能和潜力。

（44）我从来认为，孩子们的善良是不需要老师教的，"人之初，性本善"，童心本身就意味着善良。

（45）人的美丽在心灵，人的高贵在精神。

李镇西老师的教育理念：

让别人因我的存在而感到幸福。

李镇西老师的教育目标：

培养学生善良、正直、勤奋、向上的优秀品质，让每个学生成为最好的自己。

感悟之一：幸福比优秀更重要

无论学生还是教师，甚至各行各业的劳动者，不管多么优秀，如果觉得不幸福，他就不可能是一个阳光的人，一个向上的人。一个全身充满负能量、动不动就牢骚满腹、觉得自己不幸福的人，怎么可能给别人带去阳光，让别人觉得温暖幸福？所以余生的工作、生活中，我都要做一个充满正能量、阳光、向上、幸福的人，也努力做到"让人们因我的存在而感到幸福"。

感悟之二：宽容有爱，静等花开

爱是教育的灵魂，宽容是教育的载体，这是我读完全书后最深的感悟之一。"做有爱的教育"是我自踏上工作岗位以来的坚守，读完此书，我不禁反思自己27年的教育，我认为的爱无非就是对学生好。什么是"对学生好"？具体来说就是严格要求，加强督促，耐心辅导，细心教导，让每一个学生学有所长，考上理想的高中，这是教育最基本的目的，也是我对自己最高的要求；不歧视差生，做到一视同仁；关心弱势群体，帮助他们解决一些生活中的小困难；关注学生的思想情绪变化，静心聆听，再加以正确引导，等等。原本我认为我的爱没有问题，但李老师的自省让我深感惭愧，他说"不同的孩子有不同的花期"。而我对学生的爱，严厉有加，宽容不足。我经常对学生说："我宁愿你们现在因为我的严厉而骂我，也不愿意你们大了懂事了，因为我的放弃、不管不问影响了你们的前途在背后戳我脊梁骨。"我有爱，可往往因为缺乏宽容而让学生不敢接近。如果因为我严厉的爱给学生留下些许阴影，或许这爱就变成了学生的枷锁吧？尽管长大后他们可能会明白我的良苦用心，但至少在他们似懂非懂时，我又如何带给他们幸福的体验？今后，我必须转变我对"严厉的爱"的坚守，让我的爱乘坐智慧快车，散发着宽容的光芒，耐心对待各种学生，时刻牢记李老师的警句"孩子有无限可能，教师要静等花开"。

感悟之三：潜移默化是教育的本质

纵观全书，李老师谈到教师对于学生的教育的作用时，从没有一点居功自傲。他认为："决定一个人成长和成功的因素以重要程度排序，第一是家庭，第二是个人，第三是学校。"学生之所以表现优秀，事业成功，首先归功于家庭教育，其次是学生个人的素质好，最后才是学校教育、教师教导。他很谦逊，从不夸大自己对学生的作用。但他利用中午给学生读小说，课堂上运用生动幽默的语言，周末陪伴学生郊游，外出时给学生写信等各种方法，调动学生学习语文的积极性，培养学生"善良、正直、勤劳、向上"的品格，让自己的人格魅力时刻影响着学生，在潜移默化中"以生命影响着生命"，"让自己的学生成为自己的粉丝"，"用自己的心灵在学生的心灵上写诗"，时刻践行着"最好的教育莫过于感染，最好的管理莫过于示范"。

感悟之四：教育的幸福就是彼此珍藏

李老师是一个有心人，《教育的100种可能》上册中的学生，不少是李老师工作第一年带的学生。30多年过去了，李老师都能翻出教他们时的照片、书信、明信片等资料，这让我由衷地赞叹与佩服。如果没有对孩子们的爱，如果没有对教育的热情，又有几人会将那些看起来毫无价值、发黄的照片和书信保留至今？当学生看到多年前自己写给老师的书信被展现时，他们激动地流下幸福的泪，而我的震惊一点儿也不亚于他们，感慨之余，我不由反思自己：几年前搬家时，我将一摞学生的信和明信片，不知放到了哪里，至今没找到；教过的学生家长的微信，因为长时间不联系，我将他们删除；学生毕业时送我的本子，我转手送给了他人……以前，我总是有一种思想：我永远不会求我的学生帮我办事，他们记得我就来看看我；他们不联系我，我也不必打扰他们。读了李老师的书后，我对师生情有了新的认识：师生情是纯洁真挚的，想成为一名幸福的老师，没有比学生毕业多年后依然记得你，依然在教师节那天发一句简单的问候更让你开心和满足了。是啊，"教育的幸福是彼此珍藏"啊。

感悟之五：自我反省，及时修正

从教这么多年，谁敢说从来没有伤害过一个学生的心灵？谁敢说从未冤枉过一个学生？谁敢说所有自己教过的学生都喜欢自己？李老师都说"并不是每个学生都喜欢我"，但他在从教生涯中"不断发现自我，精心塑造自我，勇于战胜自我，最终超越自我""在完善自我的过程中改造世界，在改造世界的过程中完善自我"。这些观点我完全赞同，并决定在今后的工作中时刻以他为榜样，经常静思反省不足与己过，发现问题并及时修正，不以向学生道歉为耻，不以向学生请教为下，不以学生的不尊为辱，提高个人思想境界，丰富个人人文素养，以自己的人格魅力感染学生，让更多的学生喜欢我。

写到最后，还用李老师的名言"生命的最高境界就是与事业同行"做结束语吧，让真正的教育融入生命，让生命因教育灿烂多姿，让自己的教育生命走向更深、更远。

语言文字，培根铸魂

——首届语文教育大会观后感

王慧永

"首届语文教育大会"于2022年1月8日在线上举行。迎接语文新挑战，探索素质发展新路径，撒播读书的种子。工作室成员在李爱芳老师的组织下，进行了线上学习和分享。

这是一次别开生面的思想交流会。教育专家的精彩发言、深入浅出的案例分享，使每位老师都收获满满。

今天，有幸参加"首届语文教育大会"举办的活动，倾听了名家们对语文教育理解的讲话。首先是顾之川理事长有关《语文教育感想》的讲话，我不禁与顾之川理事长的"语文教育感想"产生共鸣，深觉受益颇深。下面是我的几点不成熟的看法，记录下来用以自勉。

他讲到语文是一门学习祖国语言文字运用的综合性、实践性的课程，课标要求学习语言文字、学习文学鉴赏、学习语文知识要立德树人，培根铸魂，启智增慧时，我深有体会，犹如醍醐灌顶。我们在学习时，首先就是正确熟练地学习语文的语言文字，做到会读、会写、理解、记忆、积累，并尝试去运用。对于基础知识的学习过程，仍然是一个不可忽略的重复，并机械记忆的过程。回想今天我班同学做专题八：古诗文诵读的练习题，以及文言文练习题专题时他们做题速度极慢，可见对知识的掌握程度不够，恰恰应了，在语文教学当中，学生学习方面也要注意多遍背诵，多遍书写，才能达到会读、会写、记忆这些基础要求。在基础知识上提出了更高的要求，那就是理解、积累，并尝试去运用，英语老师恰恰给我提供了一个很好的范例。

英语老师展示的事例是：

Money is important. but it can't buy_____（一切）.

"一切"在这句话当中，它的意思是"所有的"。但是同学们在填写的时候，却仅仅就从"一切"这个词的本义去填写。可见同学并没有理解"一切"这个词的意思到底是什么？从这个事例当中，我发现学生们对于语文词语的理解以及词语内涵外延方面的理解，还是不够深刻。这就对我们语文老师的教学提出了更高的要求。这也让我对于语文语言文字运用的综合性这一特点加深了认识。所以，语文老师，任重而道远。

以上两个事例提醒我，像我一样在一线从事语文教学工作的老师，要更加认真、细致、严格地要求自己。对语文知识的学习，特别是基础知识方面的学习，即使到了初中，学生的学习也不应该放松，而应该加大练习力度。学会语文的语言文字，学习有关的语文知识，这是最基础的、最基本的语文技巧。

语文还有实践性的特点，即其更高的要求是为达到立德树人、培根铸魂、启智增慧的教育目标。"培根铸魂"是顾之川理事长提到有关民生方面的一个重要要求。这一要求是通过学习基本的语言文字，从而让学生热爱文字，通过学生们对语言文字的学习和阅读，从而加大阅读量，培养学生的人文素养，并坚定其文化自信，铸就民族之魂，在此基础上让学生热爱山河，热爱祖国，增强民族自豪感，加强民族自信心。反过来，当人们热爱祖国以后便会不自觉地热爱自己的文字，从而更加热爱学习、热爱读书。而新课标恰恰也有这方面的要求。语文课程担负了文化的积淀、文化的传承的任务。对每个公民来说，要具备语言运用的能力，而语言是民族文化构成的一个主要部分，是文化的血脉。所以我们学习国家通用的语言文字，是一种文化的凝聚，是铸魂。这对于正处于建构新的人生观、价值观的初中生来说尤为重要。一个人良好的个性、健全人格的养成，在他的小学、初中阶段都是打基础的。课标对这个也有强调，其中特别提到了要"以文化人"。语文学科在育人方面有其他学科不能代替的特殊作用，"以文化人"，这不是一个口号，是对社会发展提出的一个严峻要求。也是顾之川理事长"培根铸魂"观点的最好印证。无论是"立德树人"，还是"以文化人"，都应该做到润物无声，循序渐进。我们在教学中要有意识地关注不同阶段学生的认知特点，寻找适合的方法完成教书育人的任务。

顾之川理事长站在更高的层次上，为我们的语文教育教学工作指明了方向，也对一线教师提出了更高的要求，更让我有了今后努力的方向。唯有虚心学习，再学习，把他的讲话精神吃透，内化为我自己的工作动力，才能真正将工作做出色，才能真正成为一名好老师。